JN438177

망치잡이

소리로 읽는 책

이 책에는 글을 읽을 수 없는 분들을 위한
점자 · 음성변환용코드가 양면페이지 우측 하단에 있습니다
별도의 시각장애인용 리더기 혹은 스마트폰 보이스아이 어플을 사용하여
즐거운 시 감상이 되기를 바랍니다
voiceye.com

Over a Wall
Poetry
24

리규창 시집

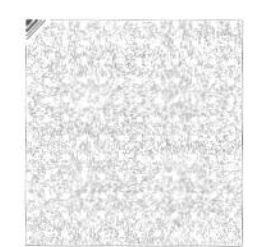

■시인의 말■

넋두리

저는 망치잡이 고등학교와
망치잡이 대학교 밖 만을 맴돌아
지식의 넓이는 좁고 깊이는 얕아
넋두리들을 다듬고 손질하는데
많은 어려움에 혼란스러웠지만
이냥 이렇게 넋두리들과 어깨동무를
절대 풀지는 않았습니다

이산가족을 자청하여 가족과 친척
둥지와 짝도 없이 홀로 무거운 짐
고집스럽게 흐르면서
이런 뜨겁지 못한 가슴으로
무슨 넋두리들을 토해내겠다며
쓸어 없애려 깊은 고민도 했었지만

부모님 영정 앞에 무릎 꿇린
큰 약속을 어루만지며
지금껏 버텨온 사랑입니다

독서가분들, 작가분들, 평론가분들
제 좁고 얕은 넋두리들을
아낌없이 꾸짖어 주시고
매질 또한 서슴치 마세요

그렇게 하여야만이 제 넋두리들이
똑바로 서는 걸음으로 젊음을 얻겠지요
대단히 감사합니다

끝으로 시집 출판에 용기를 준 '윤석' 이에게
감사하는 마음을 전합니다

부여 추양리에서
리규창 씀

차례

1부 누가 이 하늘에 1970~79

2부 하루살이 1980~89

3부 한 사건 앞에서 1990~99

4부 망치잡이

2000~09

5부 광장 2010~

6부 영감 혹은 표절 1970~

1부

누가 이 하늘에

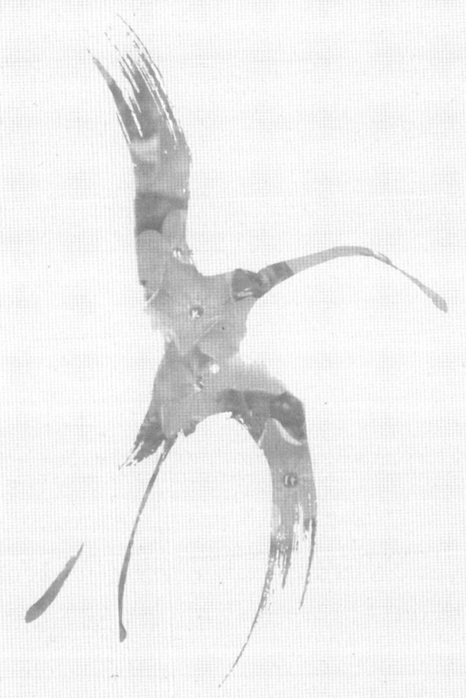

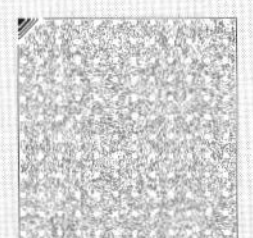

봄맞이

- 남북 공동성명 후

봄이 온다 하니 어수선이
그새를 놀아나려는 어설픔
실오리 아물아물 아지랑인 걸

조급한 마음 떨쳐 버리고
부릅뜬 하늘!
까치발 거북이 걸음 사랑으로

봄이라 봄에 서툰 사랑 멈추어 주오
머잖아 둘이 어울릴 날 오려
지금엔 둘이 속상한 짝사랑만이

선물

새날 새 아침
희망 용기 훈훈한 인정
한 아름 가득 싣고 떠오른 태양
우리 모두에게 고루 나누냐
빛과 바람의 영광스런 경쟁
빛의 성급함이 아가 울음 터트리고
대문 틈새기 지친 바람 소리에
강아지 멍 멍 짖네

방문 연 엄마
새날의 번거러운 마음에서일까?
행주치마 속이 겉인지
대나무 숲 까치들
이 집 저 집 날아돌며
선물 소식 전해준다
새날 새 아침에 받은 선물들
가슴 속 깊이 묻어 다시 심으리
하나 둘 —

해갈이

해갈이를 맞으려는 걱정에 빠져
버릴까? 망설임 모두 아쉬워
지나새나 열병을 앓는

음—, 죽음인 듯
미련없이 버린 네 계절!

씨 뿌릴 놈 몇 번을 부르짖었나
어젯밤 하늘 위에 내린 소망이
촉촉한 봄을 듬뿍 안겨 주었소

숲

해마다 이때쯤이면
손님들 마중으로 기쁘고
이 산 저 산 어디에서나
온 숲은 반가운 인사에 즐거워

나물 보따리 허리춤에 맨 아낙네들
한낮이 기울도록 바쁜 걸음에
웅크렸던 모든 것 길 놓으며
귀한 손님들 꽃 지짐질 속에 널을 뛴다

나는 이제 외롭지 않아
미워하리만큼 긴 겨울은 가버렸으니
밤이면 꿈 다투는 소리 귀 기울이고
안개비 이슬 마시는 옹알이 그윽하오

귀 기울이며

귀 기울이는 곳마다
까치발 디뎌
제 우러를 뿐이라

해는 구름에 가리고
솔잎은 세월 안아
누렇게 땅을 드러누우니

부릅 뜬 하늘을
두려워하는 눈동자
그립잖소

온 밤의 별들
거두어 지는 어둠에
빛을 건네준다

가리다

가네 가네 어림길 헤쳐
두리 두둥실
눈 어린 둥지 그늘 숲으로

오늘은 반겨줄 이 누구일까?
어버이 잔주름 못다한 사랑있어
딸그만이 붙들이도 손짓을 하네

내 마음 늘 둥지 숲에 있는데
구수한 내음 간데없이
아득히 먼 곳이라 긴 한숨인가?

논틀밭틀 가지런히
눈어린 둥지 그늘 숲으로
가리다 가리다 나를 반기리다

가랑비

동무 꽃나무
어른 꽃나무

긴 잠에서 눈뜬 뒤로
몇 날 며칠을

발 돋구고 고개 들어
두 손 모은 소망이

밤새껏 내린 가랑비
몸을 촉촉이 적셔줍니다

아지랑이

따르면 뒤로뒤로 물러서 가고
등 뒤론 살금살금 쫓아서 오는
실오리 아물아물 아지랑인걸

구름이 오락가락 슬쩍 숨어서
해님이 빵긋하면 쫓고 쫓기는
어느 걸 따르리까, 앞뒤 실오리

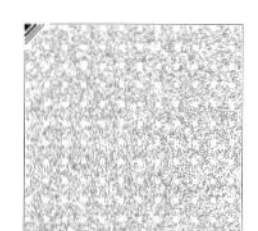

아침

홰치는 수탉 아침을 만들었다

딸각딸각
양철 지붕 위 참새
안개를 벗기며

질세라
강아지 멍 멍
아기 울음보 터트려 놓네

아버지는 달구지에
두엄 가득 담아 놓고
여보, 먼동이 트오

어머-이, 밥 지어유

뽕밭에서

아이들 손에
봄살이 하던 날

질겁해서 떨어진 달팽이
둘레둘레 주위를 살피고

잎새 뒤 청개구리
오싹오싹 마른침 삼킬 때

오디 검붉은 꿈이
멀리멀리 사라져 버려라

고향의 부름

가리오 훨훨
날개 편 푸른 꿈이
생긋생긋 움트던 마을

가리다 뱅뱅
들리는 소리따라 귀를 쫑긋이
꾸러기들 기차놀이
논틀밭틀 떠들썩이 자라던 곳

부른다 시냇물
쫓고 쫓아 갈대밭 풀섶 아래
찔룩새 노래

한

어느 해 어느 달
낮과 밤이 따로 없는 한결같은 소망

다다른 임종에도 꿈을 사르며
잠들세라 꺼질세라
고이 간직해온 서른여 해

이 땅 이 하늘
뉘 막느뇨
하루면 내 집두리 열댓 식구

가오 가오 이제야 가오
저 눈부신 빛과 그윽한 향기 좇아
무지개 사공되고 손님이 되고

얘들아, 슬퍼 마라
지금 가는 이 길로 한 풀련다

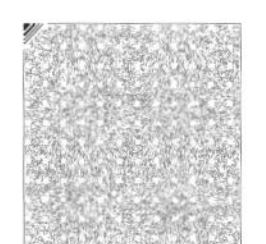

귀를 막고 땅을 파렵니다

귀를 막고 땅을 파렵니다
서울치 뭐란들
과목 심고
가축 칠 참이요

여긴 거짓을 모르오
평생살이 흙을 벗 삼고
그 치들 잃는 걸음
땀으로 호령하려

낮과 밤이 뚜렷이
출렁이는 바다
시골 해는
부릅뜬 눈이 무지개요

달님 별님

달님 별님
남 부끄러워
구름 좇아 숨으셨네

얘들아
어서 모여라
앞뜰에 옹기종기

달님 맞고 별님 맞고
뒷동산 풀잎 노래
달님 얘기 별님 얘기

내 사랑 실이에게

내 사랑 실이 너는 기억하느냐
'내 곁을 떠난다' 생각하는
너의 모습 뒤로하며 마냥 웃었지
웃어야만 했어

우리 사랑을 한껏 부축이던 가난한 이야기
실이도 잊지 못할 것이다
그래, 죽음인듯한 내 가난이 싫어진 것이야

불끈 쥐어든 손 사르르 풀치는 순간
얼굴엔 경련이 일었고
올가미 속으로 밀며 당기는 사회의 간교로움
온 가슴엔 심한 파도가 일렁였지

모른다 몰라
툇마루 밑바닥의 쾌쾌한 잡귀들 같이
철저히 미쳤는지도

너의 비웃음이 머리 속 가득 메울 때
그 밤의 강풍 아랑곳없이 활활 달아오른 체온에
한 발 얼음장도 녹아내릴 듯

내 사랑 실이
파충류의 징그러움과 같은 정신분열에서 해방되어
가난한 이야기 다스리며 기다릴
내 가슴으로 돌아오오

임진강변에 마주선
찔레꽃 같이 세월을 탄식하며 살
불행은 낳지말자

새벽 종소리의 울림이
네 귓가에 닿는 순간 너는
너를 다스리라 믿어보마

혼란한 겨울역사의 긴 아귀다툼에서
거뜬히 일어선 실이가 되어
다시 찾을 봄의 축가에 귀 기울이려니

보라! 회색 누룩빛
온천지에 초록물감이 번지어
봄을 이루노라

인생

시간이 내게
왜? 사냐고 묻길래
당황해 머뭇거렸습니다

다시 물어 왔죠
왜? 사냐고
궁색한 대답을 할 수 없었습니다

생각하고 생각하여 보아도
아직은 삶이 짧아
용기가 나질 않습니다

웃어른들로부터
조금이나마 깨달은 지식은
'터득키 위해 산다'

열망

허황한 이 거리를 떠나련다
가자가자 내 사랑 실이
깊은 밤 잡귀들의 홀림 오기 전으로
늘 그리던 봄 동산에
우리의 진실 가꾸어 보자

이젠 지쳤다 목이 탄다
너의 몸짓에도 너의 웃음에도
보이는 건 모두 억지뿐
내일을 열망하는 저 소리
듣느냐? 두려워 마라 망설이지 마라
자, 내게 안겨 심장의 고동을 느끼어라
엄숙한 지금 뉘 더럽힐 것이오

다를 데 없는 그들이면서
비웃어야 하는 위선의 연속
죄악의 그늘 성큼 다가올 때면
남몰래 숨어 별빛을 존경하고
달 그림자 드리운 산골짝에 몸을 사리어
애태워 기다리던 나날들

모든 거짓으로부터 해방되어
정중한 마음에 활짝 문을 열자
오, 광명의 세계에
비로소 공손히 고개 숙이는 나의 죽음들
뒤를 보렴 물밀 듯한 행렬
여기는 우리 고향
진정한 내 사랑이여

지구촌

이념과 종교를 초월하지 못하고
종족과 국가를 초월하지 못하여
죽음 같은 업보는 늘 전장을 마련해 놓았다
아프리카 민중은 굶주려 쓰러지고
아시아 민중은 잦은 포탄에 쓰러지고
골짝마다 기다랗게 드러누운 죽음
그 그림자 한복판을 가득 메워가는 민중

메소포타미아 이집트 황하 인더스
문명이래야 허울 좋았던 빛깔 장식
떠벌이 앵무새처럼 죽음 같은 업보를 부축이며
돌아가고 싶어라 나뭇잎 깁던 시절로
돌아보고 싶어라 불씨 나누던 시절을

징기스칸과 나폴레옹의 정복 산령마다
즐비한 시신 구덩이를 파야 했고
콜롬부스의 신대륙 발견은
주인과 도적이 바뀐 혼들을
제국시대가 멈추는 듯 지구촌의 소중한 꿈은
태양과 견줄만 하였거늘

그도 잠시 자본주의는 빈부에서
공산주의는 독선에서 눈이 감긴 채
떠벌이 앵무새처럼 제 목청만을 뽐내고
석가모니 예수 모하메트 추종자들도
반목과 분열로 맞부딪치는
위험 수위를 바라본다

아메리카 고층 건물 속엔
소비에트 붉은 지하 땅굴엔
약소국에서 사기친 물건들이 가득할 것이고
약소국의 혈맥이 출렁일 것이다

이념과 종교를 따르려는 과잉에서
종족과 국가를 지키려는 과잉에서
지구촌은 안식을 잃고 사시나무 떨듯 불안하여라

우주 탐험이 절정인 지금
식민통치가 없다 하랴
인간 존엄 자유 평등
어느 걸 내세우랴

총성
- 1979년 10월

탕탕 탕탕탕
궁정동 고요를 깨트리는 불안

어느 무지한 계략이
무지를 탐하는 지지개인가
스스로 복받쳐 품어낸 무지개인가
물 건너 장막에서
쏘아 올린 허수아비 놀음인가
총성으로 나라가 움츠리었다

상스럽지 못한 사건이
상스럽지 못한 죽음을
자리방석에 앉힐까
두렵기만한 어느날
스스로 심판하지 못한 참역사
스스로 죄인일 수밖에

궁정동 고요를 깨트리는 불안
탕탕 탕탕탕

누가 이 하늘에

예전에 그 아름답던 모습
신앙으로
알알이 속삭이던 낱말들이
내 노래가 되어

누가 이 하늘에

님께서 즐기실 매무새
스스럼없이
오붓이 다독이던 햇살
내 기쁨이라

누가 이 하늘에

은하수 건너 오리요
보름 안으로
달 안 뜬 밤 잠시 쉬었다
날개를 치며 오리요

누가 이 하늘에

2부

하루살이

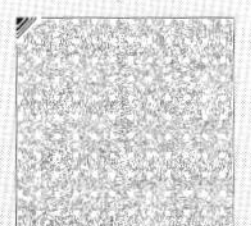

잘못된 셈

거울 앞에 선 허연 머릿결
몸 둘 바 몰라 움츠렸다

강산은 서너 번을 달리했어도
거기 뜬 구름 여전히
번갯불 천둥 몸서리난다

하나가 둘이될 수 있느냐? 물어 오면
오로지 잘못된 셈이라 말해야 겠지

얼간이

-1980년 5월

귀를 막으라 해 막았어요
눈동자 유리거울 차일에 둘려

입을 닫으라 해 닫았어요
핏빛 진한 향기 엉거주춤

귀와 눈 입과 코를 멀쩡히 잃은
얼간이가 되었습니다

물꼬 터질 듯 머릿속 찰싹이는
산 그림들 뉘 감히 지우리까

그 물결 쩡쩡 나이테 두르며
훤한 길을 닦겠지요

호랑이 장가

말랭이에 샛터로
엉거주춤 놀던 먹구름
도련님 꼴지게 내다볼 겨를 없이
별안간 소낙비 무섭게

설마하니,
넌 곡식 눈살 찌푸리고
도랑봇물 둥개어 텃밭 만물 울상이는
호랑이 장가 가는 날

반춤 어이며느리와
눈자라기 놀소리에
하늘 아래 먼 산까지
무지개가 감긴다

삼촌의 고심

너희 엄마는 엄마라서
가를 수 없는 사랑이 숨 쉬겠지만
할머니 나의 어머니인지라
오직 큰 사랑으로 살아온 걸
엄마 사랑 할머니 사랑
너희는 엄마 곁에 나는 할머니 곁에
사랑을 위해 사랑을 두드리는
사랑스런 순간들

한 동그라미 안
같은 듯 다른 사랑이
엇갈리는 안타까움 얻으며
알 듯 모를 듯 범벅이 되고
어지럽게 돌고 도는 사랑
엄마 사랑 어머니 사랑
하나도 둘도 셋도 넷도 다섯도
한결같은 어머니 사랑

아름다운 이야기

어차피 보내야 할 사랑
눈을 꼭 감으시고 열을 세구려

가는 사랑 못내 서러워
꼭 눈을 감으시고 열을 세구려

그리운 사랑 안기는 밤에
하나 둘 그린 그림 지우시고

하나 둘 그린 그림 지우시고
그러면 잠드오리 못이룰 사랑

잊혀진 먼 훗날 때때로
아름다운 이야기로 들려오리다

영원한 노래

어머니 당신이 걸어오신 길은
늘상 분주한 산골 부뚜막
요술램프와 도깨비 방망이를 든
때론 호랑이도 무서워하는 곶감으로
오직 주홍빛 일념 속에 세월 쫓으셨습니다

모정은 신비로운 바다의 밀애!
절로 핀 들국화 같은 걸까?
안개 짙은 어느 날 울퉁불퉁한 길 모퉁이에서
검은 그림자의 미소를
뚜렷이 물리치시는 그윽한 모정!

지금도 당신은 산골짜기 쑥술로 만취 되시어
거친 강변에 홀로 선 마음이랴
하늘도 감히 깊은 절개와 높은 사랑 받들어
영원한 노래를 세상에 내리셨네
'하얀 종이 위에 파란 글씨, 파란 그림'

짝사랑

옆집 그 바람났네
나려면 나려지, 시집 못 가니
뉘와 눈 맞았을까?
바람둥이

그 바람 머질 듯
소문에 그칠 듯이 장가간다고
가려면 그냥 가지
바람둥이

옆집 그 장가갔네
소녀도 보란 듯 시집 갈거야
모른 척 귓문 닫는
바람둥이

황부들 모래갈이

아버지, 제가 돌아왔습니다
당신이 그토록 아끼시던 황부들 모래갈이
지금은 어쩔 수 없어 바라만 보고 있지만
머지않아 다시 지킬 날 찾으리다
부득이 그 뜻 못 미치면
제 자식들 당신 길 따르리다
하루에도 서너 번씩 쓰다듬어 이르시던 이 흙
감히 제가 소홀히 다루리까?

여름철 긴 가뭄에 밤을 낮 삼아 살으시던
당신의 우직함, 저라고 그만 못하리까?
처음은 제 곡식 모자랄지라도
그를 사랑하는 마음이야 아버질 닮으리다
하나에서 열까지 당신 솜씨 익히고
숨은 일머리로 보다 많은 곡식 거두리다
아버지, 걱정마세요
제가 이렇듯 황부들 모래갈이 둘러보고 있잖아요

그러기엔 이 땅 도로 찾는 길만이—

밀밭

밀밭 긴 일손 개구쟁이 토라져서
한 이랑 두 이랑 동 동 동 동

노을 허리춤에 울음보 매고
바둑이도 가잖다 집이 그립다

저리 누워 뒤엉킨 밀대
하루해 지쳐 달아났네

술래 술래 풀덤불 속
개똥참외 술래 왔다

엄마, 안그럴게
나는 댕댕골 꼬마대장

자존심 강한 사랑의 편지

그대를 처음 대할 때부터
왠지 그대와 사귀고 싶었습니다
그대가 그냥 좋았을 뿐
사랑은 아니었소 그대를 알 수 없기에

그대 끄는 힘이 무서워
만나자는 편지를 띄웠죠
모른 척 소식이 없어 한걸음에 달려가
마냥 좋았을 뿐 사랑은 아니라 변명만 하오

어렴풋이 알듯 모를 듯 맴도는 그대
이 보든 것 어찌 생각하렵니까?
그대 눈동자 똑바로 말하려오
내 생에 이 같은 진실 몇 번을

그대 끄는 힘이 눈부셔
사랑이라 적어보고
그대 끄는 힘이 눈부셔
진실이라 사랑이라 전하렵니다

그리움

잊으련다, 마음에 그리움만 더
떨치련다, 그모습 커져만 가는

잠 못 드는 그리움 헤아릴 수 없이
세월 흘러 잊지요, 안타까워

그렇듯 짓궂은 너는 뉘길래
어쩌면, 그 모습 지워지리까?

오늘 밤 이렇듯 네 생각에
못다 핀 이야기 무엇이 그리

멀리하자, 달래며 떨쳐도 보고
밉다 밉다 어느새 가슴 조이는

아니 되오, 그리는 얄미운 사람
사랑한 게 밉지요, 그 모습 그리오

초원

누나 누나야
우리네 초원 어디길래

아빠는 예라시고
엄마는 제라시니

어느 하늘 아래로
씨앗 뿌리리오

문밖 꽃바람만
향기 안고 웃지요

굴레

굴레 굴레야
내 울안에서 꽃 만발하려는데
어울리지 않는 광대놀음에
멋대로 헤집어 놓은 산하
굽이굽이 눈물샘 짓더니
봇물되어 터지었노라

여의도 광장에서 비롯된 줄기
물보라 지으며 흐른다

희미한 기억 가지런히 부모님 그리고
고향 그린 핏빛 산수도 나의 굴레여
가자 금잔디 동산에
바람 쫓는 소리 구름 흐르는 소리
눈물샘 딛고 오른다
봄을 나른다

굴레 굴레야
우리 안에서 꽃 만발하자구나

느티나무

동화가 무르익는
어느 여름날

느닷없는 소낙비
다소곳이

쌍무지개 받든 손
우산이 되어

먼 산 한번보고
하늘을 보고

지친 제 힘에
땀방울 뚝 뚝

무인도

가깝다 먼 눈에 보이옵는 곳
오늘밤 불쑥 반짝이는 별빛 입고
뗏목을 띄우리다

거기엔, 솔나무 잣나무 오동나무
우아하게 쏟아져 흐르는 온화한 숨결!
잦은 태풍 버젓이 계절 짓고
하늘 뛰어노는 젊음이 푸르러
부서지는 파도 소리

이제 다시는
내 설움에 흩날리던
고민 멎어라

물오른 나물 냄새 토종꿀 향기
칡은 칡대로 도토리 상수리 모자를 씌고
햇님 따라 달님 따라 상긋한 속삭임 영그는 율동!
제각기 독특한 색깔로 더덕더덕
우리님 만삭이려

여기 풍경들 저버린 자 누구며
돌보지 않는 자 누구냐?
가엾어라

어미 젖가슴에 둥지를 틀고
양지쪽으로 양지쪽으로
단꿈 뿌리는 온갖 생태!
우러러 눈에 보이옵는 곳

님과 오붓이
그 속에 묻혀
명화를 적으련다

하루살이

주머니 솔솔 담배가루 나부낄 적에
울며 겨자 먹기 하루 봇짐 챙겼다

먼 산은 자꾸 멀어져 둥둥
흰 구름 아스라히 포물선 긋고

빈 바가지 들며 나는 미치광이로
이 골목 저 골목 넋두리에 지쳐

누울 잠자리조차 잃은 깃털모자
무성한 잡초 그늘에 빛을 뿌렸다

뿌옇게 바래어 가는 아름드리 꿈
초췌한 먼지 성만 높디높아

이대로 주저앉은 꿈으로만 남길까
다시금 하루 봇짐 챙겨 나선다

잠자리 사냥

장난꾸러기들 우르르
밀대잎 끝동에 거미줄 엮어

"잠자리 꽁 꽁 앉을뱅이 꽁 꽁
멀리멀리 날아가면 똥물 먹고 죽는다"

까치발 거북이걸음
동네방네 비단 구름이 흐른다

저들아 남새밭에 쌀잠자리
둥그째 방아다리 꽃실잠자리

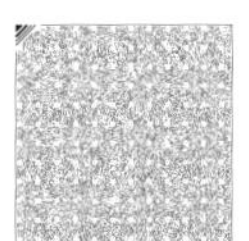

임리정에서

발길 드문 금강변 언덕배기 마을에서
채운산과 옥녀봉을 벗으로
학문 깨치며 과묵히 지켜온 곳

한양 경성 서울 잦은 변화 속에도
아침저녁으로 황산 나루에 활기들을
기쁘게 읽는 즐거움이 으뜸이었다

사공에 구성진 가락이 끊기고
통통배 물살 울림이 낯설 적에도
순응하려는 눈빛이 고왔지

이제 또다시
아득한 옛 추억 되려고
긴 다리에 역사가 시작되려 한다

문명이란 도둑이 향취를 앗아가도
문명이란 제자를 가르치는 덕으로
수련을 쌓아야겠다

봄바람

들마당 설레바람
풋내기들 깜찍한 인사가 신기한 듯

엇저녁 단비로 살찐
포동한 얼굴들이 귀여워서
가지럼을 피우고
메밀산 꽃나무 가지에
노랑 연분홍 난장이 모자들
땅에 떨어트릴 듯 장난질하며
뚜 뚜 들로 산으로 기차놀이

동화에 졸던 까투리가
금세라도 오를 듯이 방긋 웃네

조용한 아침은

조용한 아침 누리려다
도깨비장난에 얼빠졌다

가라 가라 두만강 건너고 태평양 건너
멀찌감치 물러가라
조용한 아침 건네 준다며
독약을 뿌리고 수면제를 먹이더니
치료해 주었느니 영양주사를 맞혔느니
가당찮은 헛기침들 썩 물러가거라
가긴 가되 '동무 양권 여행증 누드 히로뽕'
너저분한 것들은 몽땅 쓸어 먹고
넉살 좋은 놈들이라 남의 집에
감 놓아라 밤 놓아라 참견을 하지
진정 조용한 아침을 되돌려 주려거든
집안싸움 말려놓고 썩 꺼져라

그러면 조용한 아침은 제절로 오려이
아무 말 말고 떠나만다오

자존

홀로 취하기에는 안타까운 밤 호수
그대도 똑같은 심정에 사로잡힌
옛적 소녀가 되어
돛을 올린 배 노를 저어
꿈꾸던 나라로 나아갑니까?

송두리째 뿌리치는 자존이
한결 가벼워 잔잔해진 뱃길을
홀로 나아가기가 어색하여
헤아릴 수 없는 연가로 그윽한데
어제처럼 무의미한 자존을 안고 가렵니까?

축축한 잠자리에서

맨바닥에 자리를 깔고
또 한밤을 지나려는데

출랑이는 포장 하늘이
깝죽일 적마다 뚫어진 구멍으로는
어머니 얼굴 하나 어머니 얼굴 둘
셋 넷 다섯 여섯 어머니 얼굴
미운 모기 소리 몽땅
계곡에 내동댕이치고
어머니 품으로 달음질해 간다

솔솔 미파솔 라라솔 솔도미레도레
미미레레 도레도라라 솔솔—

이 도랑을 건너 몇 걸음이면
어머니께서 반기실 고향 집

눈어림 화안 뿌듯할 적에
물 웅덩이에 곤두박질이라
소스라쳐 꿈을 떨치니
짐작지 못했던 녀석이 쏴쏴
허술한 포장을 헤집어 온통 적셔 놓았네
내 몸이라도 내게 순종치 못하는
오른 발 통증이 말썽입니다

어머니, 염려 마세요
펄 펄 뛰어 뵈올 날 곧 찾으리다

노랑나비

어디서
날아온 노랑나빌까?

철드는
아가씨들 품에 둘려

길들인다
퍼붓는 촉촉한 입김은

젖무덤을
더욱 도톰히 불씨 담겨

눈이 저립다고
아우성인 햇볕 바람아

새털 구름

해와 달이
비키는
창공 정오 자리

바람에 끌려
무늬 놓는
새털구름이

눈 깜짝일 새
멀고 먼
백 리 밖으로

잘게 흩어져
스러지는
산굽이에

먹지 낀 들녘을
넌지시
하얀 비 그린다

서당산 백로

잦은 공해가 슬렁거리던 날
굳어져 가는 죽지를 파닥거리며
어수선이 떠나던 밤에도
향취는 곱게 안고 날았지

공해가 갈라 놓은 죽음들 흩어지고
탄알 박힌 몸뚱이 끌려갈 적에도
둥지 숲 가지런히 깃털을 뿌리며
빗살 무늬 부채춤을 잃지 않았었지

새롭게 탄생하는 새끼들이
낯설어하기 전에
곧은 죽지를 활짝 펴고
서당산 묘지로 날으고 싶어라

청자 빛깔은 빚지 모하여도
이조 백자는 굽지 못하여도
반만년 숨결 속에 흉내인들 못내랴

오늘은 불빛 갇힌 빈 둥지 숲을
작은 부채춤이 소리없이 날고 있지만
어느 날엔가 큰 무늬 물결 치렁히
곧은 죽지를 활짝 두드리며
둥지 틀 자리마다 훤한 부채춤 매달터

귀인의 울분
– 1989년 8월

종과 머슴과 산지기
묘한 굴레 속에서
몇 대째 고추골을 지켜 오시던
귀인이 죽음을 기다리고 있었다

가마를 메고 장구를 치고
상여를 끄시던
작은 서당 대식 씨 쓸쓸히
병석에서 시름하고 있었다

봇물 터진 물결도 뒤로 미룬 채
자손들과 엇갈린 관념으로
고민하시던 울분들을
곤한 잠으로 묻히려 하고 있었다

야산에서

가을걷이 분주한 한나절을
알밤 쏟아지는 야산에서
꼬마대장 노릇으로 지내려니

반이 남은 해 부끄럽고
모자라는 일손이 죄스러워
그대로 앉은 자리가 가시칌이라

"군밤 맛이 씁쓸하다"
공연히 아이들만 나무라며
답답한 제 가슴을 두드리오

눈 내리는 날

바람인 듯 구름인 듯
저 홀로 짐 진 시름같이
스스로 복받치는 바다를 열어
펑펑 눈발에 젖고 있었다

메아리

포물선 그린 무지개가 신기한 듯
아이들은 허둥지둥 편을 가르어
무지개 쏘는 샘을 찾아 떠나가고

쫓을 때는 한 굽이인 듯 무심함이
돌아다 보는 그리움은 아스라이
부르짖는 노래마다 메아리로 스러졌습니다

그렇게 얼굴 숨겨 벼르던 그리움이
물보라 피는 계곡을 미끄러지며
메아리를 살포시 엮어 무지개를 일으키고

포물선 그린 하늘은 눈어림으로
아이들은 동요를 즐겨 달음질이라
한낮이 무르익는 초원에서 만나겠습니다

신혼

내 눈빛에 포근히 안길 여인을 데리고
열두 자락 굽이굽이 심 보는 곳에
바깥바람에도 끄떡없을 목재를 골라
신혼 세간 맘껏 새집을 짓겠다

선녀들 웃음같은 샘물로 아침이 열리면
다래술 머루술이 반주로 따르고
산나물 무침이 살아서 팔딱이며
얼룩진 그림자들을 훤히 닦아내겠다

사슴 노루가 지나는 양지쪽엔
고추랑 오이랑 당근 시금치도 심고
새벽별 눈이 박힌 씨앗도 뿌려야겠다

낮과 밤 구분없이 흐르는 아름다운 음율은
숲 속 악사들이 빚는 끝없는 연주
나도 각시랑 은밀한 사랑을 멈추지 않겠다

혹시나 신혼을 엿듣던 여우란 녀석이
뜬금없이 시샘할까? 걱정이 되고

내 눈빛에 포근히 안길 여인을 데리고
열두자락 굽이굽이 심 보는 곳에
바깥바람에도 끄떡없을 목재를 골라
신혼 세간 맘껏 새집을 짓겠다

나이신

이른 아침부터 까치들이 잠을 설쳐 놓더니
창밖에선 하얀 눈발이 어지럽게 서성인다

어느새 황톳길이 은빛 물결이라
이제 나이신께서 선물 안고 오시겠다

피할래야 피할 수 없는 만남을
멀리 달아나고픈 충동은 무언가?

귀 눈 입 코 고웁던 시절엔
제 몫이 모자라다 떼도 썼는데

남다른 시간을 몰아 오는 듯
재를 넘는 나이신이여!

묵묵히 나이테에 풍상을 그리며
탈없이 뿌리를 박은 아름드리 나무가 되게 하소서

찬바람이 인다, 몹시 요란히도
나이신께서는 표정없이 방긋 웃으셨다

개울가 소녀

물보라 날리는 개울가에
맵시 고운 한 소녀가
나붓거리는 제 모습 물끄러미
가느랗게 떨고 있었습니다

골짜기를 감싸내리던 바람
슬그머니 발 묶이고
어쩌다 계면쩍은 햇살마저 따가워
소녀는 깊은 시름에 빠져 들었습니다

물살은 어느새 열 달은 소년이 되어
금세라도 소녀를 덮치려는 듯
사나운 거품 입에 물고
솟아오르려 기웃댑니다

소녀는 이제 다소곳이 쩔쩔매며
수줍음 타던 옛적 소녀는 간데없이
한올 두올 하얀 나신으로써
물살과 맞부딪치려 합니다

동화의 나라

밤송이 터지고 고추잠자리 맴도는
이 가을 문턱이면 나는 버릇처럼
옛 동화들을 꿰어 꿈나라로 떠나가지요

까치발 거북이걸음 어랑네 울타리로 속속 모여
감서리 무르익는 초저녁 사립문 여닫는 소리에
괜한 울음을 자아내던 순화는 아이 엄마라는데

오늘도 개구쟁이들은 달님 웃음따라 가위 바위 보
술래를 눈 감기고 달아난 장독대 한 모퉁이에서
가만히 광주리 속을 더듬어 설은 곶감을 꺼내먹지요

도토리 살찌고 다래 머루 곱상인
이 가을 문턱이면 나는 꿈꾸듯
먼데 산을 가로질러 동화의 나라로 떠나가지요

방아깨비

햇살 비키어 숨은 이슬 마시며
아가 업은 방아깨비
풀잎 밟고 갑니다

쌀 방아 보리 방아
엄마 닮으려는 여린 걸음들이
우르르 몰려가고요

낮모를 그림자에 베짱이 놀라
메뚜기 여치가 멀리 달아나도
가만가만 길을 열고 가지요

안경 낀 사마귀 둘레를 동그랗게 한 바퀴
찬 이슬 마시고 쌀 방아 보리 방아
반짝이는 풀잎 밟고 갑니다

그해 오월

그해 오월은
입에 담기조차 겁에 질려 킁 킁 버티어온 냉가슴
이제는 큰 병으로 도져 허리를 짓누르는 통증
감당하기 벅찬데 한쪽 다리마저 마비 증상입니다

그해 오월은
꿈 많던 내 작은 소녀는 영문도 모르는 총격에
붉은 피를 쏟으며 쓰러져야 했고
그것을 지켜보았던 내 어머니께서
새까만 안경과 입마개 씌워 정신병원에 보내야 했습니다

그해 오월은
한쪽에서나마 봄이 온다고 떠들썩히
해갈이 준비로 들뜬 가슴이었는데
뜻하지 않았던 동장군이 겨울을 불러 세웠습니다

벙어리 눈뜬 봉사 귀머거리로 팔년을 가재걸음 걷다
내 모습은 초췌히 야위어 그해 오월을 꺼내들고
조심스럽게 봄을 타래에서 풉니다
그해 오월

하도 그립던 날

어머—이 그늘 숲이 하도 그립던 날
울 안팎의 옛 그림들 곱게 모아서
길 닦고 다릴 놓아 마중합니다
닷새장 내 어머—이 이고 오신 선물은
검정 고무신 목 양발 강냉이 튀밥이고요
아기 돼지 꿀꿀이는 누나 것이랍니다
내일은 가을 소풍이라 가슴 쿵쿵 잠 못 들 적에
이부자리 고치시던 아버지
"그 녀석 천하장사구만"
내 어머—이 팔베개로 날 끌으시며
"첫닭 울겠다"

어머님이 떠나시던 날

-1988년 7월 22일

오늘, 내 어머님께서 하늘에서 내려온 사자들과
마지막 여행길에 오르셨습니다

내 아버님께서 눈감지 못하신 한을
소중스레 받들어 널문리 길을 열으시고

금강산 대동강 의주 압록강 백두산을 넘어
연변 땅에 한줌 흙을 바람으로 흩날리셨습니다

어쩌다 내저으시는 손짓은 정도를 벗어난 자식들을
꾸짖으려는 조용한 채찍입니다

아들 딸 며느리 모두 불러 앉혀놓고
잠시 눈을 떠 안심하시려는 그 미소

집안 식구들을 울타리 안으로 끌으시는
어머님 강한 소망입니다

이제 아버님 곁으로 떠나시는 어머님 고운 모습을
자식들은 화폭에 담습니다

이틀 밤을 분주히 무궁화 꽃을 접으셨던 내 어머님
명주옷에 삼베 이불 덮으시고

일곱매 가즈런한 맵시 구수한 흙냄새 나부끼며
요동벌을 맘껏 지치실 것입니다

어머니, 당신께서 남기신 파란 글씨 파란 그림들은
무지개 무늬 고옵게 맺혀 흐르리다

탑

학원 담 밖으로 나는 순수 돌멩이들을 모아
탑을 쌓으리다

옛 솜씨를 그대로 재연할 수는 없어도
아사달과 아사녀가 통하던 사랑으로
새 정과 새 망치를 들어 돌 무늬를 새기리다
요동벌을 호령하던 기백과 청자 빛깔을 굽던 기교로
백두산을 오르는 탑을 쌓으리다
아메리카 총잡이와 북극곰이 무수히 할퀸 상처들
순수 돌멩이들을 고르므로써 내 모양새 무늬가
내 빛깔대로 청정한 그림자들을 가득히 드리우리다
옥과 같이 푸르른 저 돌멩이들
따갑도록 눈이 부셔 다 감당치 못하고
깨어진 유리 조각으로 소각할까? 염려 됩니다
시절에 귀가 막혀 말이 없었고
먹고 살기 바쁘시다 말이 없었던 내 아버지
어머니께서는 순수 돌멩이들을 물끄러미 눈감으셨다

우람하고 섬세한 탑 꼿꼿이 솟아 오르는 날을 위하여
너희를 거들어 나설 것을 오늘은 스스로 타이르겠다

낙서

무리 없는 이야기
적고 또 적으며 열이 달아서
속상해 뒤척이던 이별은 달게
죽음은 죽음다운 생명을 부어
근심 잃는 메아리 부둥켜 안고
우리는 하염없이 떠나갑니다

가도 가도 속 모를 인생 골짜기
무리라 생각하는 비탈길에서
오늘만은 기어이 옛 소녀 마음
어루만져 반기리 갈피를 잃고
처음같이 적적한 밤 버릇이 되어
어지러운 글씨만 남겨둡니다

이렇듯 잠 안드는 적적한 밤엔
버릇처럼 편안히 글을 적어요

작은 풀꽃들

아름드리나무 그늘 숲에 작은 풀꽃들
황사 바람 천둥비 우산을 쓴 듯
걱정 잃는 표정들 날로 굳어져
가느랗게 열린 하늘 의심치 않고
오늘 하루 별자리도 숨어 그린다

3부
한 사건 앞에서

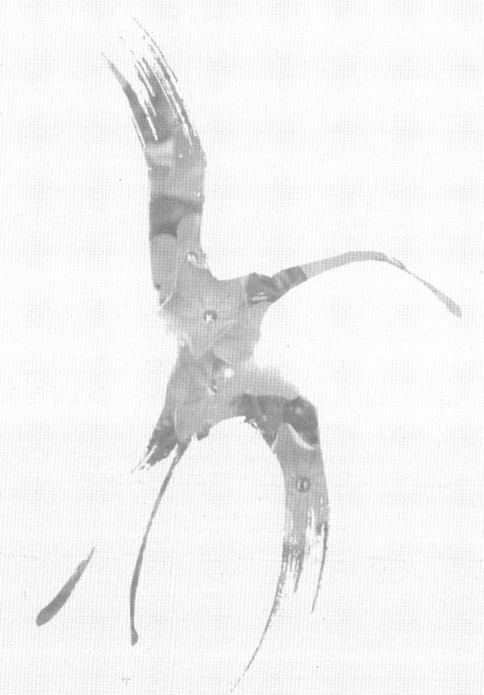

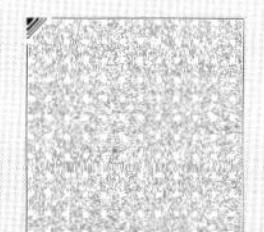

언젠간 돌아가야 할 하늘

-기청과 순애

백로 부채춤이 하늘을 날고 온갖 새 노래가 솔가지에 얹힌 동화 속 같은 마을 고추골에서 나와 내 아내는 세상 빛살을 맞았네 쥐불놀이 감자살이 잠자리사냥 팽이를 돌리고 삘기를 뽑고 찔룩새가 날개를 적시는 시냇물에서 벌거숭이로 더위를 쫓던 나와 내 아내는 동갑내기 장난꾸러기로 자랐지

대대손손 한 조상 산소를 모시던 마을 나와 내 아내는 사랑하고 고민하며 소나기 구름을 몰고 넘던 굽이 길에서 귀여운 딸 선영이를 낳았지 저지른 불효 앞에 고개를 떨구면서도 이산가족이 되어 가슴 아픈 하늘 서당산 비석이 그리워 당산재 팽나무 열매가 그리워 언젠간 돌아가리 꿈을 꾸네

할아버지 얼굴이 그리운 딸에게 외가 친척을 손꼽는 딸에게 나와 내 아내는 끝말을 맺지 못한 채 청룡뿔 풀섶에서 별을 세던 옛날을 훤히 언젠간 돌아가리 꿈을 꾸네 들마당 풀을 뜯던 누렁소야 메밀산 꿀벌을 치던 꽃나무들아 나와 내 아내는 꿈을 꾼다네

막내네 대밭으로 저들어 담 밑으로 송날로 쑥밭티로 술래잡기를 즐기던 꿈을 꾼다네 언젠간 돌아가야 할 하늘 부모님께서 친 울타리 안에 배가 익고 감이 익고 아궁이 불에 묻은 알밤 사랑이 발갛게 터져 오르는 꿈을 꾸네

언젠간 돌아가야 할 하늘 마을 두레패와 어우러진 농악놀이에 나는 어깨춤이 절로 땀방울 맺히고 아내는 푸짐한 술상을 장만하느라 분주히 사랑스런 딸 선영이가 방긋이 웃는 한마당 명절이 가까워진 요즈음엔 간절한 꿈으로 애끓이네

꿈

한해가 기울도록 못내 아쉽게
또다시 산을 넘어 손꼽는 여로
길섶에 봄꽃들이 꽃망울 트면
입다문 내 아가씨 웃어 올게다

물오른 골짝마다 푸르름 짙어
배가 익고 감 익는 아늑한 계절
씨앗 밴 사랑으로 무지개 깔면
온 세상 떠들썩한 사랑 둘릴 터

문

아침과 저녁을 확인시켜 주는 인사
너로부터 비롯되어
세상 얘기 아는 듯 모르는 듯
너 혼자 맞는 일들로 분주히
결코 서두르지 않는다

잠겨 있으면서도 열림을 기다리는 인내
너에게는 설레이는 꿈
온갖 희로애락 속에 단련 된 너의 감정
함부로 낭비하지 않고
자학하는 한 모퉁이 눈앞에 길을 똑바로
너를 충동한다

은밀함을 소유한 채 모든 것을 펴내려는
너의 아름다운 이중성
오늘도 너는 변함없는 모습으로
하루 일과를 펼친다
보내며 맞으며 내인사는 여전히
길과 통하고

결혼식

무지개 폭죽이 만발하는 낮시간
아직껏 술 취한 젊은 남녀가
구름다리를 건넌다

안개 뿌우연 길
양쪽엔 하객들이 가로수 되어
피아노 곡조를 가지마다 매달고
주인공들을 맞는다

촛불 꽃이 성스런 증인석
평생살이 선언이 끝나고
사진에 담는 귀한 흔적들조차
상기된 얼굴

무지개비 촉촉
젊은 남녀가
인생을 터득하는
여행길에 올랐다

조화구도

어느 겨울
죽음인 듯 인적이 끊긴 들녘
모이를 쪼던 산새들조차 날지 않는 곳에
생명을 잉태하려는 진통 들리십니까?
생명인 듯 부산한 거리를 탐욕스럽게 우쭐대는
눈빛들이 들리지 않게 죽음을 끌고 가는 소요 보이십니까?
풀과 이끼와 돌조차 음양으로 하늘과 땅을 의지하여
교통하는 순간에도 생명과 죽음이 맞닿는 곳
죽음인 듯 비는 내리고 생명인 듯 비는 내리고

어느 겨울
절제인 듯 고요한 나뭇가지엔
몇 잎 남은 잎새마저 바람에 흐트러지며
유혹에 놀아나는 죽음 들리십니까?
유혹인 듯 혼잡한 도시 남루함 속에서도
꼿꼿한 숨결 들리지 않게
생명을 꺼트리지 않으려는 태동 보이십니까?
이기와 욕망과 쾌락이 소음으로 후미진 골목을 의지하여
모사하는 순간에도 생명과 죽음이 맞닿는 곳
유혹인 듯 비는 내리고 절제인 듯 비는 내리고

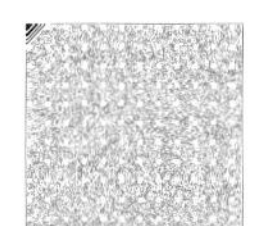

부모님 묘소 앞을 지나며

이 고개를 지날 때면 겨우내 단단해진 남새밭을 쟁기질로 갈아엎고 쇠스랑과 괭이로 이랑을 꾸며 알맞은 깊이에 거름을 묻어 정성껏 씨앗을 앉히시던 분으로부터 아침저녁 바쁜 걸음으로 물동이 단비를 뿌리며 불 달은 땡볕에 꿈쩍하지 않고 작은 풀조차 남김없이 수확을 준비하시던 분으로부터 옛날에 들려주시던 그 이야기들을 가슴으로 가슴으로 듣는다

이 고개를 지날 때면 밤늦도록 학교에서 돌아오지 않는 철부지 끝동이를 마중하느라 조심스레 호롱불 밝혀 우산을 씌고 이쯤 저쯤 공동묘지를 지나며 인기척에 가까이 귀 기울이시던 분께서 가마니 짚을 손질하면서도 비바람에 삐걱거리는 대문을 향해 "누구냐?" 몇 번을 외쳐 보지만 잡음 많은 광석 라디오로 시간을 짐작하며 뒤쫓아 마중 나갈까? 망설이시던 분께서 언제나 타이르시던 말씀 한줄기 메아리로 눈과 귀를 목욕시킨다

이 고개를 지날 때면 검붉은 반점으로 갈라지는 황부들 모래갈이에 하루 낮과 밤을 꼬박 매달려 물맥을 찾는 우직하시던 분께서 이슬에 젖는 지아비 걱정으로 날을 훤히 밝혀 조바심하시던 옛 아내분께서 머리와 눈으로만 살려하는 버릇없는 생활을 가슴으로 가슴으로 나무라신다

이 고개를 지날 때면 아들과 조카와 사촌들을 데리고 선산에 올라 벌초를 하며 봉분을 다독이며 할아버지 사시던 모습을 자랑삼아 들려주시던 분으로부터 시어머니 베 짜는 솜씨를 물려받아 모시를 삼고 물레를 돌리고 명주옷에 풀을 먹여 다듬이질 인두질로 졸음을 쫓으며 등잔 불빛 아껴 동정을 달으시던 분으로부터 선이 곧은 꾸지람을 가슴으로 가슴으로 다시 듣는다

지리산

치레옷 두른 나들이를 휘저어
대웅전 앞뜰에 올라서며 합장하는 여인아
성숙한 네 미간이 흔들리고 있구나
백팔번뇌 계단을 오르며
산만을 포옹하겠다고 묵상하는 여인아
단련된 네 미간이 떨리고 있구나

힘있게 발을 뻗은 준령을 쫓아
산만을 터득하겠다고 화엄사 숨결마다
사랑을 매었는데 천왕봉 정상을 향하는 첫 굽이부터
슬픈 역사를 감당치 못해 일기마저 펑펑 눈물을 쏟는구나

골짜기마다 목숨을 바친 빨치산 동무들
녹슨 무공훈장이 빛 바래 펄럭이고
골짜기마다 토벌군 잔악상으로
처참히 흩어진 죽음들이 아우성이고
갖은 얼룩에서 영원히 달아나고픈
피아골 하소연을 가슴 뜨겁게 듣는다

한낱 들러리로 안개꽃 향기에 만취했던
뱀사골 '이현상'의 넋과 상극으로 어우러진 빈 춤을
가슴 부끄럽게 바라본다

노고단 여기쯤이 네 젖무덤인 듯
발밑 운해 속 폭포에 온갖 상념들을 다듬어
산만을 만끽하려는 푸른 배낭으로
살포시 내려앉아 산세에 순응하려 한다

정상이 가까워지며 밝은 표정으로 변한
여인을 부둥켜안고 산자락마다
까마득히 메아리를 두르네

유혹

자꾸만 푸른 가지마다 뾰족한 가시를 돋게 하려는 족속들
본래 모습을 종잡을 수 없게 햇볕을 감춘 잎새로 하늘을 막아
탄알이 박힌 가시로 이식을 합니다
잔인스레 꽃나무를 쪼고 어딘지를 향해 뻗치는 겨냥
비린내 얼룩이 뚝뚝 죽고 죽이는 싸움질을 부채질하는
특별한 족속을 닮으려는 젊음이 버젓이 학원 안에서도 자라고
찌르고 할퀴이 잘 정리된 이론으로 박사가 됩니다
물갈이 없이는 정화될 수 없는 물결, 예가 어딥니까?
골짜기 냇물이 어리둥절 탁류가 되어 썩은 도랑
뜻조차 빼앗기며 영문도 모르게 끌려가는 웅덩이 속
뒤돌아 뉘우침은 질척한 죽음이 출렁이는 캄캄한 하늘입니다

시절

맑은 물속에
은어 떼
스스로 뽐내 보지만

하늘이 열린
파아란 이야기들
제대로 담아내지 못하고
굴절된 눈으로 세상을 읽으며

언제나 익숙한
입 모양으로
물을 긷는 한나절

작은 흙탕물 일으켜
몸을 파묻는
모래무치만을 나무라며
물무늬 짓는다

땀냄새 물씬 밴 노동
제자리를 찾아 가장 자연스러울 때

농민들 피와 땀으로
해마다 가을걷이를 거르지 않으면서
풍성한 식탁은 늘
흙냄새를 차단한 곳에서 만발하였고
노동자들 피와 땀으로
쌓아 올린 웅장한 건물마다
노동을 희롱하는 기형인간들이
안방으로 사랑방으로 휴식을 즐긴다

목청만 높은 인류만세가 거드름 피우며
역사를 거꾸로 돌려놓고 돌리고
적은 숨결조차 조심스러운 일꾼들
인류만세는 그나마 지구촌 생수로 흐른다
내 마을 통일이니 해방이니
높은 의자 만끽하며 중독이 된 자리 빼앗길세라
부끄러운 동냥 힘을 빚으로
민중들을 고정 틀 속에 가둬 정신을 흐트려 놓고
눈을 가린 명분을 앞세운다

온 마을 소란을 다 피우며
큰 도적 눈에 거슬리지 않도록
도적이 도적에게 쇠고랑을 채우고
도적이 빙그레히 잠시 수인복을 입었다 벗어
안락한 자리로 돌아와 앉는다
달걀로 바위 치기 하루살이 혁명
세속에 저당 잡히지 않으려는 양심들

원종과 애노와 만석으로 망이 망소이
붉은 목숨을 내던져 샘물을 터트리려고
땀냄새 물씬 밴 노동
제 자리를 찾아 가장 자연스러울 때
내 마을 통일과 해방과 인류만세는
후유증 없는 몸뚱이로 반짝일 것이다

청소

풍뎅아 풍뎅아
쌍무지개 하소연 같은
진한 눈빛으로
앞마당 쓸어라
뒷마당 쓸어라

말잠자리
헐레벌떡 장난질에
한눈팔지 않는
날개를 화알짝
바람 모아

풍뎅아 풍뎅아
갓난아기 울음보 터진
유리알 쩡쩡
앞마당 쓸어라
뒷마당 쓸어라

계백 장군

- 1993년 겨울

기울어진 나라 운명 짐으로 떠맡은 어수선한 날
아내와 자식들 목숨을 겨냥하는 떨리는 칼날 슬픈 장군이
끝끝내 부끄럽지 않으려 오천 혼과 나란히
억새풀로 피인 황산벌! 짓밟힌 죽음들
백제와 함께 했지만 그 죽음들 알에서 깨어나
유리 거울 쩡쩡 대를 잇는 후손들 넉넉한 눈빛으로
삼국통일과 같이 미화되는 역사를 쓸어 없은 듯
이제는 모든 민중이 죽음을 떨치는 계백 장군으로
탄현과 기벌포를 튼튼히
높은 의자 마주 앉아 나라 기운 가로막는 운동들 물리며
대동강 이북 요동땅까지 고스란히 넘긴
나당연합을 말끔히 닦아야겠다

자연과 인간

자연은 인간에게 많은 지혜를 주어
가장 아름다운 자연보석으로 믿으려는데
인간은 믿음을 깨트리는 발광
자연은 상을 찌푸린 채
품으로 돌아올 것을 간절한다

자연은 하찮은 인간을 지키려고
눈물로 하소연하는데
인간은 막무가내로 군림하려는 독선
자연은 끝끝내 믿음으로
품속에 안길 것을 간절한다

천일사 하루

법당에서 천당과 용궁에서
촛불 밝혀 만수향 그윽이 나무아미타불
산목숨을 애원하는 공부 어둠을 물리면
산까치와 청설모가 햇살을 듬뿍 물고 법석이는
천일사 풍경 다소곳이 평화를 펄럭이며
알몸을 드러내 놓는다
점장이 처녀 매운 손끝 재주에 묻혀
아침 밥상을 청소하면 죽음을 끌고 오는 수선
길 자락마다 단풍이 든다

겨울을 준비하는 바쁜 노동에 쫓겨
모과를 따고 마늘을 심고
동동주 촉촉이 휴식을 즐기는 손님
다음 공부를 염려하며 목욕하는 여인네
뽀얀 몸뚱이는 이성이 아닌 보살님으로
자리잡으려는 고통이 들쑥날쑥
친정어머니와 막내딸이 합장을 하고
나무아비타불! 나무아비타불!
영적인 결합으로 마음을 부비는 한낮
손님만 외롭게 천일사 안팎을 서성인다

백제

아리수에서 빛고을까지 평탄한 산세 넓은 들녘 그 넉넉한 가슴으로 다보탑 석가탑을 다듬었고 미개를 깨운 넓은 아량 연꽃무늬 와당처럼 소박 평온 우아함이 천 삼백여 년 끈질기게 온 강산을 휘감아 아름답게 피어오른 구들장 열기 서라벌 음모로 금간 천손 자존에 산 죽음 두른 오천 군사 거룩함이 영원한 교육으로 둘러앉았다

말 발굽 소리 소정방 겁탈에도
꿈쩍하지 않았던 정림사 오층석탑

백제란 이름 주인을 잃은
먼 옛날이야기처럼 까마득하지만
그 숨결 속에서 참역사를 끌어안는다

자랑삼는 삼국통일이 불안해 늘 어지러운 다섯 하늘 구두래 놀이 배들은 귀밝은 손님을 기다리다 지친 몸짓인 양 작은 물결마다 흔들거리는 신암리 성터자리에 흩어진 돌 조각들 칠백 년 흔적처럼 풀 무덤 속을 뒹굴고 백제 혼을 빼앗으려 백마강 조룡대 용정리 낙화암 거짓 전설이 어수선히 깔린 부소산을 무심히 지나쳐 버렸다

황사 바람 천둥비 툭툭 털고 산으로 들로 꼿꼿이 아침이슬 목욕하려는 두 팔 벌린 작은 풀꽃들

백제란 이름 주인을 잃은
먼 옛날이야기처럼 까마득하지만
그 숨결 속에서 참역사를 끌어 안는다

참 신화

하늘에서 내려오고
알에서 깨어나는 참 신화들을
다 풀지 못하고 흐르는 역사
국중대회도 문이 닫혀
이제는 특별한 영웅없이
누구나 동명인 듯 주몽으로
참 신화들을 풀어
국중대회를 부활해야겠다

가실과 설씨녀 지극한 사랑이
예사로운 땅 광대를 스승 삼아
무애(無碍)란 노래와 춤으로
함께 어우러지는 원효사상이 넘치고
최명길과 김상현 나라 사랑이
상극이 아닌 논쟁으로
한줄기 넉넉한 강물이 봇물진 곳
모두 다 문익점 장영실이요
인류만세 근원지 노동 들녘으로
참 신화를 터득합시다

우리

우리 속을 조심스럽게
우리를 쫓을 우리 밖 놀이들
우리 속이 시끄럽도록 우리를 끌고 가려니
우리 속 우리 놀이들 우리 밖인 듯
우리 속을 우리들 떠나며
우리를 그린다

우리 속 우리 아이들 우리 설레는 꿈
우리를 닮지 않아 우리들 어리둥절한
우리 속이 우리들 부끄러운
우리 밖 놀이
우리 속을 우리들 어색히
우리를 그린다

우리 속을 넘친 우리 산 옛날로
우리 살날을 열고
우리 속 인류만세 우리 밖까지
우리 몸짓 우리 목청껏 우린 놀이 즐기며
우리 속이 우리들 자연스러운
우리를 그리자

한 사건 앞에서

\- 1994년

한쪽에선 햇볕 바람처럼
한쪽에선 어둠을 낳는 역사 그대로
자연으로 돌아가는 길

메마른 황무지에 금세 소나기를 내릴 듯
술렁이는 가슴들 다 감당치 못해
뜬구름으로 넘는 고개

형제들을 애써 외면하며
죽음 자리를 펴 알을 밴 불안
귀신마저 겁에 질려 주저앉는 하늘

홀가분히 벌거숭이로 떠나야 할 길을
빨치산 투쟁을 빼면 남는 건 헌 누더기
높은 의자만이 높다랗게

반역이다 영웅이다 떠들썩한 하루 진정시키고
자연으로 돌아가는 하얀 길 죄인이 되어
죄인으로 배웅하길 간절합니다

한계

천호산 깊은 새벽을 자리방석으로 깔고 앉아
산목숨을 구걸하는 보살님들 억지 공부
나그네 단잠을 깨워 놓고

낮부터 저녁까지 산 목숨만을 구걸하는
보살님들 억지공부 주위는 안중에도 없이
나그네 휴식을 까불리더니

큰 절에서 오셨다는 높고 높은 젊은 승려
서울 보살과 술자리에 북 치며 목청 높인 대중가요
나그네는 밤잠마저 설치는데

부처님께서 곤히 주무실 시간
술 취한 돌중과 가짜 보살이
속세 사랑을 끌고 오른 산등성에서 새납을 분다

깜짝 놀란 산새 산짐승도 어리둥절히
어허, 당신들도 어쩔 수 없는 인간이구려
천호산 신령님들 모르는 척 고개 돌려 웃으신다

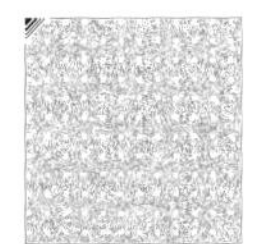

무녀

산짐승이라도 불쑥 덤빌 것 같은 으스륵한 밤
질척히 비는 내리고 바람은 왁자지껄한데
포장 지붕을 씌운 용궁에서는 신명 오른 무녀가
제 영 흩트리는 바깥 신과 한판 다툼을 벌인다

뜻 모를 울분과 하소연
소원을 꽹과리 북소리 장단에 맞춘다
의아히 바라보는 가슴들이 추위에 지쳐 버리는 시간
더욱 신명이 올라 영 끼리 어우러졌다

문명 밝은 날 영리한 머리로도 이해가 안 되는
어쩌면 스스로에 갇힌 억지 때문일까요
비바람 굳건히 자리를 지켜 축원을 드리는
무녀 제 영을 몽땅 용궁 신전에 바친다

인생은

하나 더하기 하나는 둘이요 셋 빼기 둘은 하나가 되는
인생은 똑 떨어지는 계산법칙이 아닙니다

하나 더하기 하나는 둘이요
하나이며 셋 넷 다섯이 되고
셋 빼기 둘은 거꾸로 둘이며 거꾸로 하나요
셋 넷 다섯이 되고 소수점까지 아우르는
인생은 헤아릴 수 없는 경지입니다
「가로」와 「세로」와 「마침표」 삶인 듯
「세모」틀과 「네모」틀 세상처럼 깝죽이지만
모두 다 「동그라미」 속에 머무르는 철부지 아이들
바람이 구름이고 구름이 바람이며
나와 네가 너와 내가 하나고
죽음과 삶이 맞닿은 하늘과 땅에서
한줄기 물살로 흐르는 우리들이며
하나 더하기 하나는 하나요

둘 셋 넷 다섯이 되듯 인생은 ○로 ○를 찾아서
돌도 돌아 구르는 ○입니다

겨울 산

벌거숭이 그대로 "사랑은 주는 것"
산바람이 귓속말로 속삭인다

가만히 가만히 느낌으로 다가오는
벌거숭이 그대로 산자락이 좋아 귓불이 땡땡
손발 시린 산골짝에서 잎나무를 모아
장작을 패는 동안에도 벌거숭이 그대로
반짝이는 메아리 소리 놀란 산짐승들 달음질이 해를 끌고
저녁을 걱정하며 돌아가는 손님들이 해를 밀고
반대 쪽 산자락에는 짧은 해 걸음이 붉게 속삭이는
벌거숭이 그대로 "사랑은 주는 것"
산바람이 귓속말로 속삭인다

가만히 가만히 느낌으로 다가오는
벌거숭이 그대로 산자락을 넘는다

큰 도둑들

- 대통령 부패 때문에

네모난 틀 안에서
자랄 대로 자란 큰 도둑이
동그라미를 그리면
그 동그라미는 별 수 없이
제자리로 돌아오는 큰 네모인걸

저만은 결코 큰 도둑 아니라는
별난 우스꽝이 큰 도둑들을 잡아
"기둥 곧게 세우기다"
"잘못 쳐진 그물이다"
끼리끼리 야단법석 큰 싸움

동그라미 속에 동그라미 그리는
동그라미들이 어리둥절한
혼통 흙탕물은 자기들 몫인데도
날벼락 맞는 들풀들이
큰 짐으로 무거운 엉뚱한 하루

리규창

뚜루 뚜루 뚜르르르 성스럽던 날
성스럽게 탄생한 성스러운 성씨
「리」

뚜루 뚜루 뚜르르르 긍지롭던 날
긍지롭게 지어진 긍지로운 이름
「규창」

부르고 부르고 입술이 마르도록 불러도
귀와 눈 입과 코가 한껏 사랑스러워
싫증이 나지않던 성씨와 이름
「리 규창」

언제부턴지 귀와 눈
입과 코가 낯설게 멀어져
이제는 확연히 겁나는 흙먼지 속을
자연스럽게 뒹굴고 있구나

뚜루 뚜루 뚜르르르

산골짝 각시 샘물로 성씨를 목욕시키고

뚜루 뚜루 뚜르르르

하늘 빛 햇살로 이름을 깨워

뚜루 뚜루 뚜르르르 뚜루 뚜루 뚜뚜르

그 옛날 그 아름답던 그 성씨 그 이름

자랑스럽게 불리자

「리 규 창!」

신앙

역사와 함께 피었다 지었다
온갖 신이 피어나는 인류만세를 지켜온 샘물이지요
둥그런 숨결과 그 발자취가 큰 믿음이 되고
제자들을 잘 거느린 덕으로
성서를 만들어 종교를 낳았습니다

인류가 멸하면 신도 자연히 사라지는 것을
솔직히 말씀해 주세요
성전 안에 불편히 누워 거추장스런 치레옷들
과감히 개혁합시다 혁명이라도 좋습니다
욕심으로 사이비가 되고 천한 귀신이 되지요

순박한 빛살들이 믿음으로 깔린 신앙은
홀로 법석이지 않습니다
어느 신이든 따르는 믿음이 푸르고 푸르러야
어색한 믿음들까지도 품에 안기고
겉으로 신을 부정하지만 나약한 마음 한켠에
건강한 신이 살아 있음을 뉘 부정하리요

귀신이라면 무조건 하대하려는
오만과 편견에 빠진 억지들 병이요 독약입니다
삼대 종교와 차별화 시킨 수많은 신앙 중에서도
어처구니없는 믿음으로 빛이 감춰져
참뜻을 헤아리지 못하고 있습니다

아름다운 신이여, 인류는 철부지
더욱 가깝고 가깝게 천진한 색깔과 목소리로
속삭이소서 채찍하소서

인류 진화

자연은 인류 진화를 도우려고
가깝게 다가오는데
하찮은 인류는 자연 그늘 밖으로
저 홀로 발돋움해 멀찍이 달아나고
자연은 변함없이 걱정스러운 인류만세
'전쟁, 큰 바람, 지진해일…'
자연스레 있는 그대로 역류하는 인류 진화에
깜박깜박 경고음 울린다
인류 하늘과 땅과 인류 가슴에
진한 하소연 터뜨린다

구들장 지키기

금 간 하늘처럼 천장에도 금이 가
빗방울이 방바닥에 떨어진다
물받이 둘을 바꾸고 바꿔
구들장 지키기다

낡은 지붕이 못마땅한 셋방살이
큰바람만 탓하는 주인집 아주머니
번갯불 천둥마저 우르릉 꽝 꽝
밤새껏 비는 내리고

촛불은 깜박깜박 졸음이 밀려오는데
방바닥엔 빗물이 흐르네
언제쯤 끝이 날까?
물받이 바꾸기 금 간 하늘
닫혀야만 했다

4부
망치잡이

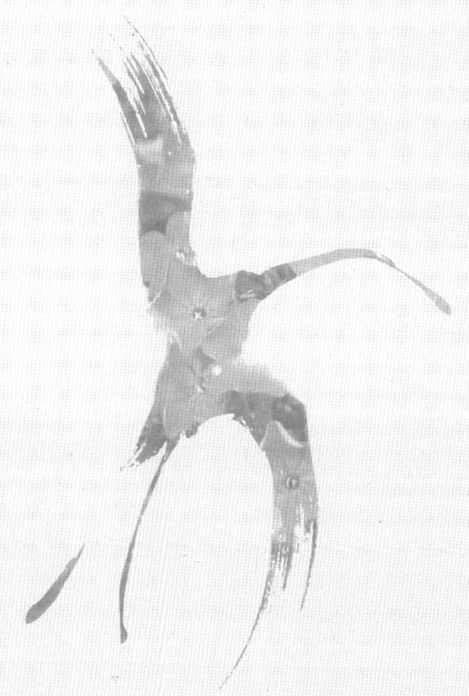

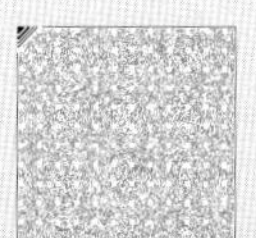

끌리는 이성

넘어질 듯 굽 높은 구두와
보일 듯이 짧은 치마
분명한 요즈음 여자로
갓 스물은 넘긴 듯
보기조차 거북스러운
매무새 매무시가
요즈음 맵시인 걸

검은 머릿결 치렁히
있는 그대로 꾸밈없이
환희 웃는 얼굴과
금세 터질 것 같은
목줄기 트인 숨 샘을 끼고
불룩이 둘러 박힌 두개 산
그 사이에 아가처럼 동생처럼
귀한 손님처럼 편안히
휴식으로 머물고 싶어라

쭉 뻗은 산맥
발목과 무릎 혈을 따라
숨가삐 오르는 이성
절정인 몇 걸음을 아껴
허벅지 등성에서 헐떡인다
평야를 내려오던 걸음도
잠시 멈추어
배꼽 바위에 앉았다

깨끗함 깜짝일 새
깨어질 듯하여
아끼고 아끼려는 수줍음이여
그 맑은 물속에
남몰래 빠져
미역 감고 빨래질해
진짜 사내를 담고 싶어라

사람이 무엇일까요?

"사람이 무엇일까요?" 하고 물으니
공손한 대답으로 생각하는 동물임을 자랑하며
옆구리에 긴 정을 부빕니다
다시 물었죠 "사람이 무엇일까요?"
조용히 대답하기를
"신의 자손입니다, 신이요, 그의 자손입니다"

누구는 양심을 감싸고 누구는 신을 띄우고
누구는 꼬리를 감추며 맞서는 대답끼리 다툽니다

"어떡하면 사람으로 살까요?"
조심스레 묻습니다
어떤 이는 "사람은 사람이요, 동물은 동물이라"
저기 저처럼 살라 하고
어떤 이는 "사람이 동물이요, 동물이 사람이라"
여기 이렇게 살라 합니다

눈 · 1

세상 온갖 것을 담을 듯
무한함이여

쓰임에 따라
크기와 모양이 달라지는
거짓 없음이여

슬픈 눈물로 삶을 터득하며
반듯한 그릇 거친 그릇이 되는
너는 비밀스러움 투성이

생긴대로 맞는 이
거르어 맞는 이
빠른 이 느린 이

우리는 그렇게 너와 더불어
하루를 연다

눈 · 2

세상 온갖 것을 덮을 듯
깨끗함이여

저토록 반짝이는 마음으로
새롭게 그림 그리고 싶은 간절함이여

용서와 화해를 아끼지 않으려는
넉넉함이여

산으로 들로 지붕에 편히 누운 휴식
다 녹아내릴까 조바심하며

사랑과 낭만이 널릴 시간들
너로 하여금 꿈꾸는 아이가 되어

내일을
염려하지 않는다

홀로 산다는 것이

홀로 산다는 것이 짐이 될줄은
젊은 날에는 그냥 흘러 넘기고

홀로 산다는 것이 욕이 될줄은
젊은 날에는 아예 귀 닫았지요

홀로 산다는 것이 무덤이란 걸
홀로 지친 밤이면 늘 홀로 지쳐

홀로 산다는 것이 자랑 삼을 일
결코 아니라는 것 죽어 보일까?

홀로 산다는 것이 뜻과 다르게
예까지 흘러온 아쉬움이요

청소년 금지구역

밤이건 낮이건 시도 때도 없이
옷 벗는 경쟁을 부추기는 곳
방세 밥값 치장비 기타 등등을 빼고 나면
빚덩이만 부푸는 공장이다
지독한 몸살을 앓아도
맘대로 거부할 수 없는 불문율은 천직처럼
가랑이로 돈을 긁은 기교뿐
쉬면 쉴수록 헤어나지 못하는 구렁텅이에
곤두박질치는 두려움이
젊음을 송두리째 갉아먹는다
내 딸이요 내 누이들이
유리관 감옥에 갇혀 억지 성희롱으로
손님을 부르고 있다

집집마다 소왕국이라
아가씨들은 하녀와 노예로 온갖 노동을 헌사한다
이미 체념해 버린 동경
옷 잘 벗는 미인으로 온 동네 소문이 둥둥
가랑이로 돈을 긁는다
누구든 사랑해선 안 된다는
강박관념을 고정시킨 그녀들 가슴은 차디차다
밤이든 낮이든 상관없이 옷을 벗는 소리
왕들은 동물웃음 흘린다

배

살 내음 배는 이부자리 속에서
가끔씩 쓸어 주시던 어머니 약손이 그리워
안달하는 밤이면 진짜 아픔보다는
꾀병을 앓는 버릇이 몇 곱절로 자랐네

추석 명절에 쓰려고 감추어 아끼던 맛을
누구에세 들킬까 봐 겁 많은 까치발로
목 아프게 팔을 뻗지만 간신이 움켜쥔 손에는
빈 봉지만이 매달리고 무서운 벌레침을 맞았지

어머니 친정 가시는 날 누나와 함께 외할머니 뵙는
가슴 두근거리는 나들잇길에 사람들 태운 큰 차를 올려
강물을 헤엄치는 아찔함이 좋아 물길 더디기를 소원하지만
어느새 끝난 나루터에 닿아 큰 차는 빠르게 달아났습니다

쓸어 만지는 배 먹는 배요 타는 배라
아픈 배 오르지 못하고 먹는 배 타지 못하며
타는 배를 쓸어 만지겠습니까
사랑으로 오르면 젊음이고 먹는 배를 타면 웃음거리라
타는 배에 오르면 떠나가지요

동그라미

온 세상이 △인 듯 □처럼 아우성이지만
그 건 꼬리 감춘 짐승들 철없는 장난질이요
꿈척치 않는 자연은 하는 가까운 곳에서
흙냄새 나부끼며 늘 ○를 그려
△와 □가 온전히 ○속에 묻혀
○로 자라기를 간절합니다

어딜 보아도 △와 □가 ○ 목을 졸라
자연이 불편해하는 날
△와 □를 멀찍이 ○를 줍는 아이야
○이 구르는 그대로 ○를 굴려라
△와 □가 어색한 먼 훗날
자연스레 그려진 ○속에서
자랑스런 사람임을 우러릅시다

도둑들 만찬

도둑들 만찬이다
위임받은 도둑질이란 듯
선전포고하기 위한 당당한 모습들
손목에 차는 쇠고랑은 주인공들 몫으로
도둑들은 꿈쩍치 않는다
도둑끼리 담합만 하면
법은 그저 허수아비로 무사통과다

도둑을 떠받든 온갖 땀과
도둑을 지키던 수많은 믿음이
도둑들 횟감으로 식탁에 올라
펑펑 눈물을 쏟지만 때 늦은 후회
도리없이 칼질을 당해 도둑들 입맛 돋우는
도둑들 건강 음식이 되어
도둑들 뱃속에서 온전히 삭아
도둑들 배설물로 끝을 마친다

옛날과 변함없이 주인공이 핍박받으며
세상을 끌고 밀고 풀리지 않는 수수께끼
그렇게 순수하던 주인공도
어쩌다 그 자리에 오르면 지난날을 까마득히 잊어
함께 물들어 버리는 오랜 인류 숙제
도둑들 가득한 웃음이 넘쳐 흐르는 만찬 자리
주인공들 핏방울이 뚝뚝 비린내로 만신창인 걸
도둑들은 아랑곳없이
도둑질을 합리화하기 위한
마무리 수순 밟기 만찬 놀이다

우리 세상

—와 ㅣ만이 폼을 잡는 우스광스런 세상을
인류 옷인 듯 걸친 우리가 있었고 우리가 있다
모나지 않은 ○는 밟으면 밟힌 대로
부딪치면 부딪치는 대로 오그라들어도
다시금 아무렇지 않게 제 모습 ○로 굴러간다

—와 ㅣ가 고집스럽게 힘을 뽐내지만
스스로 부서짐을 두려워하지 않는가
여전히 ○는 깨우치지 못하면서
잠깐 동안에 매달리려 할까
그토록 높은 산 깊은 강줄기도
○는 변함없이 땀을 뻘뻘 길 닦습니다

—와 ㅣ는 빠른 속도로 흙먼지 일으키고
나무를 쓰러트려 눈 깜짝일 새 지나치지만
깊은 흔적을 잃고 산이 무너진다
강물이 사태져 흐른다
거침없는 —와 ㅣ도 우주란 큰 ○품에
작은 ○로 기대어 결국은 굴러갈 것을

아직껏 야단법석 으뜸인 척 보채는
힘에 겨울 굴레를 벗어
발걸음 가볍게 ○를 좇으시오
그때 우리 데구루루 굴러
우리 산 넘고 우리 강 넘고
우리 세상 그립시다 동그랗게!

이력

누나 등에 업혀
면 사무소로 배급 타러 가던 날
둥그깨 나무다리를 건너다 그만
웅덩이에 빠져 엉엉 울었네
재당숙께서 구워준 구렁이 고기를 맛보다
어머니께 들켜 싸리비로 매를 맞으며
뒷마당 장독대를 뱅뱅 돌았네 누나와
희미한 기억 깜박깜박 오십년대를 그립니다

「나라 어지럽다」
시위할지 모르는 큰형을 만나러
아버지는 기차를 끌며 서울 가셨습니다
할머니가 돌아가시고 형수를 맞고
초등학교에 입학해 박 대통령을 노래하였네
미국은 좋은 나라요 꿈인 나라처럼
국군은 베트콩과 싸우고
우주선이 달에 착륙하는 모습을
흑백 그림으로 보았네
육십년대는 의문투성입니다

남과 북 비밀회담이 열린 기쁨을
억누를 수 없어 처음 시를 두드렸습니다
배움을 멀리한 열등감에 버둥거리며
시월유신, 포고령, 계엄령, 시위 시위다
조금씩 나라걱정을 하게 되었지만
행동은 굳게 움츠리었을 뿐
권력이 스스로 절명하는
우스광스런 사건을 맞으며
가슴앓이 심한 칠십년대를 겪었지요

반쪽에선 형제끼리 피를 흘리는
섧은 현실 앞에 방황은 시작됩니다
왜곡된 나라역사와 세계역사를 물끄러미
참견하지 못하는 자신을 정당화하려는 듯
원망과 질책과 자해란 중병을 얻어
암자와 기도원으로 서투른 글을 나부끼는 동안
육이구 직선제다 팔팔 올림픽을 맞아
역사는 구르는 동그라미인 것을
핏빛 진한 팔십년대였습니다

끼니를 걱정하는 무일푼이
자랑스럽지 못함을 뉘우치며
공사장 한복판에서
땀내 물신한 못주머니를 펄럭입니다
온통 민주화가 될 것 같은 착각
뿌리 깊은 수구와 맞부딪치는
정치와 경제와 사회가 무겁게
동구는 크게 변하는데 자신은 제자리인 듯
그러나 똘똘 뭉쳐 국가부도를 치유한
거룩한 민중들 힘을 바라보며
구십년대를 넘어 한세기를 마감했지요

가슴 부푼 이십 일세기를 맞았지만
큰 도둑놈들은 끄떡없이 도둑질에 매달리고
가난한 민중들은 대를 물리며 기둥으로 버팁니다
총알 밴 녀석들은 그대로 높은 자리에 앉아
둥근혁명을 부채질하는데
인류만세 줄을 타고 깃발 올려
사람임이 부끄럽지 않게 우주를 넓힙시다
내 글들이 편히 눕는 날까지

망치잡이

사람 내음 그리운 저만큼까지 줄자질 놓아
두 팔 뻗친 미움들 톱질로 자르고
인정 박힌 조각 고집스레 이어
거푸집 지으련다

잘 박아도 못질이요 못 박아도 못질이라
어깨 힘을 뺀 팔을 가볍게 망치 춤으로
꼬리 감춘 짐승 박동 잃는 가슴에
긴 못을 박는다

가끔씩 못에 찔리고 망치로 멍이 들어도
망치질 두근거리는 기쁨 억누를 수 없이
잘 박아도 못질이고 못 박아도 못질이라
땅땅 땅 땅 못질을 한다

역사의 흔적

천사백여 년을 침묵하던
사마왕 흔적이 처음 광채를 드러내던 날
고고학자들께선 이성적 거울에 올려
찬미가를 반사하였습니다

벽돌무덤 속에 갇힌
금제장식 환두대도 허리띠 신발
귀걸이 목걸이 팔찌 발찌
낯선 짐승 상과 부장품들이 고급스러워
잔뜩 긴장이 된 듯

이 년 동안 상을 받들며 손발 묶인 백성들
금기된 것은 무언지 헤아려 보았습니까
왕을 섬기는 충성스러움이 자연법칙인 양
역사에 주눅 들어온 역사
감성적 거울로 비춰 볼까요

노동을 도둑맞은 백성이
큰 장인이요 주인공인 것을
사마왕만을 노래합니다
시대를 대표하는 석학들이여
구속학과 개설하여 노비제도 샅샅이
가슴없는 자유를 토론합시다

사마왕이 벌떡일어나
외치려는 듯
“예나 지금이나 한치 건너 두치일 뿐”
박물관 안이 쩡쩡
놀라시는 분 없습니까

누나

누나 누나야
메마른 벌판을 달려 홀로 핀 들꽃처럼
하나라서 조심스러운
둘도 아닌 내 누나야

목숨조차 맞바꿔
쓸어 안으려는 외동 딸을
가깝고도 먼 저 만큼에 시집 보냈다며
나누지 못한 시간들 못내 죄스러워
고개를 떨구나…

못 가서 미안하다
못 가서 미안하다
어느 날 불쑥 누나를 만나
변명을 하면 용서는 될까

누나 누나야
어머니 등을 빼닮은 듯
나를 업혀 단잠을 재우던
어린 시절이 그리워 하도 그리워

물끄러미 먼 산을 본다
한나절이면 족히
부산 진구 양정동 고개에서
누나를 만날 텐데
귀여운 조카딸을 볼 텐데

못 가서 미안하다
못 가서 미안하다
하나라서 조심스러운
둘도 아닌 내 누나야

지진 해일

예수 탄생 이튿날
커다란 예고음악입니까
인도판과 유라시아판이 맞부딪치며
달려든 지진 해일이
마을을 쑥대밭으로 망가뜨려 놓았네

잠깐만이라도 오만을 벗어
가슴으로 귀 기울였으면
붉은 생명들이 부서지지는 않았을 것을
하찮은 동물들은 미리 예감하여 목숨을 건졌는데
인류 존엄은 곤두박질쳐 어수선히
나뒹굴고 있구나

새벽별 눈이 박힌 아이와
가슴 달린 꿈을 머금는 젊은이가 눈 깜짝일 새
우리들 죄값을 치렀는데 아직껏
바그다드 총성은 멈추지 않는다
갈기갈기 찢기고 멍이 든 시신을 밟고
생색내기에 바쁜 넉살은 인류 한계입니까

자연법칙 안에 보잘것없는 미물인 것을
그 테두리를 벗은 듯 거만한 오기들
공룡시대처럼 화석에 박혀
다른 생명체로 하여금
지구 역사를 빼앗기지 않으려면
자연법칙과 화해하는 일상으로 돌아갑시다

국가를 버리세요
인종과 종교조차 편견 없이
죽음 굴레를 푸세요
그러면, 그러면 인류만세를 합창하리다
아메리카여 넘치는 힘을 낭비하지 마소서

응석

고추골 햇볕 바람아
울 어머니 못 보았니
빨래터를 기웃기웃
무밭으로 갈까
울 어머니 젖을 물고
단잠 들려 누울래

장자동 솔밭 그늘에
울 아버지 모셔 놓고
대나무를 벨까요
싸리비 드릴까요
울 아버지 화난 매로
눈물 방아 찧을래

무섭습니다

도둑놈이 도둑놈에게 “도둑놈, 도둑놈” 하고
깝죽이는 세상을 우리들이 업고 섰습니다

제가 노는 물속이 흐린 줄은 모르고
남이 뒤집어 놓은 흙탕물만 부풀려 나무랍니다

관행이란 도둑질 몸에 배어 엄청난 숫자놀이 즐기는
큰 도둑떼 무리가 흐린 물속에서 멱을 감습니다

무섭다 무서워 무섭습니다 옛날 그대로 민심처럼 뽑은
우리들 무지자 정말 무섭습니다

먹새

오호오호 오호라
세상에서 가장 큰 새가 먹새요
가장 무서운 새도 먹새면
세상에서 가장 빠른 새는 눈 깜짝할 새고
느림보 거북새는 해 뜰 무렵과 저녁노을에 걸릴 새라

어허어허 어허라
배고픈 설움이 안쓰럽다고
가장 슬픈 새 먹새가 흐느끼는 밤
어떻게 날아왔는지
세상에서 가장 아름다운 새 먹새가
날개를 펴려고 바람을 부둥켜 안는다

먹새 먹새 먹새야
세상에서 가장 멋들린 날갯짓으로
커다랗고 둥글게 훨훨 날아라
땅과 하늘 사이
예서 날고 제서 날고
훠어얼 날아라

우리들 삶

우리 삶을
자연법칙과 산술에 대입시키지 마세요

우리들 삶은 +와 -
×와 ÷로는 열리지 않는
변화무쌍한 무리수고
우리 삶은 □와 △틀에서는
자라지 못하는 구르는 ○입니다

땅이 갈라지고 별똥별이 떨어지고
화산이 폭발하는 자연법칙까지
숨은 산술로 풀겠는데
오묘한 우리 삶은
○ 속에서만 값을 건질 수 있어

보일 듯 보이지 않고
만져질 듯 만져지지 않는 커다란 메아립니다

수다

황산리 골목길을 돌아
몇 발자국을 놓는데
낮은 담벼락 너머에서
나직이 귓문을 때리는
아줌마들 수다

"여태껏 숫총각이라며"
"진짜, 진짜로?"
"밤 장가야 갔을 테고"
"한 번쯤 꼬드겨 볼까"

익숙한 말 잔치
들리지 않는 척 그냥 그렇게
걸음 속도를 곱절로
아줌마들 수다에서
멀어져 간다

달

달이 웃는다
어린 시절에 맞던
장난꾸러기 그달이다

훤히 웃는 웃음
같이 놀자는데
많이 변한 모습이
너무 죄송스러워
우두커니 선 자리

저 홀로 갇혀 산
어리둥절한 시간들
달은 그냥 그렇게
마냥 웃는다

화원

— (선)과 ●(점)이 교차하며
— (가로)와 |(세로)로 틀이 짜여져
○ 가 그리운 지루한 날에
몸에 밴 ㅁ 삶 △ 버릇은
잠깐이나마 쉬게 하려는지
꿈처럼 꾸며진 화원에서
햇볕 바람 꽃잔치를 펼치려는데
숲 속을 뒹굴던 숨결이 막히고

들녘을 뜀박질하며
즐기던 운동과 노래와 목욕이 끊겨
— 으로 뻗을 그림자뿐
어디에서 들려 온 돌인지 가지런히
자리를 차지했지만 진짜 멋을 잃은 채
자연스럽지 못한 ●으로 널려 있구나

제 고향을 빼앗긴 분재들
훤한 웃음이 넘치는 듯
화분마다 숨겨진 이야기를 가늠하며
읽힌 그대로 담습니다
보이지 않고 들리지 않는 곳에서
쉴 새 없이 그려놓는 ○들
―과 ●에 파묻혀 어설퍼 보이지만
언제나 손님들 맞을 준비로
들뜬 하루인걸

먼 일터

혹시나 늦잠이 들어
금쪽같은 시간을 잃을까
조바심에서 깨어나는 꼭두새벽
물말이 밥 두어 숟가락이면
끼니를 때워

맨 먼저 도시에 금을 긋는 줄
착각하는 어둠 속
어느새 정보지를 나르는 아줌마와
미화원 아저씨가 흔적을 남긴 골목길
별을 보고 갔다
별을 보며 돌아오는 먼 일터

늘 지쳐 있는 건
노동과 무더위와 추위보다는
모자라는 잠일 테고
이렇게 무거운 짐을 내려놓지 못하는 까닭은
결코 얽매인 삶이 아니요
간절한 부탁도 아닌 그저 정 때문입니다

소통

쪽박마저 깨어지는 듯
깜박 깜짝 소통이 그리워
봉하로 가자
봉하로 가자

부엉이 바위에서 뛰어내린 소통이
아예 눈 감길까
촛불 켜고 만사를 든 물결
요령잡이가 되려 하네

가시덤불 숲과 다투는 동안
귓문을 걸어 놓은 어리석음으로
봉하산 자락에다
소통을 깨트리고

키를 뒤집어 쓴 아이처럼
불그레한 하소연 봉하로 달려든다
봉하로 몰려든다
소금 한 줌 받아들려고

감성과 이성 · 1

이성으로 발목 잡힌 감성이
스스로 네모틀을 깨트리고
신바람 모으는 날

사람임이 부끄럽지 않은
자연스런 몸짓으로
동그라미를 놓아

울음과 눈물조차 귀여운
웃음보따리가 넉넉한 마음에
감성과 이성이 귓문 터졌네

이성은 곧게
줄을 타는 과학이요 산술이요
감성은 둥근 버팀목 동그라민걸

감성과 이성 · 2

감성으로
사람임이 촉촉이 느껴지고
감성으로
사람임이 돋보이는 날
귀를 쫑긋이!
터진 귓문
날개옷을 폈으니
활짝 날아라

사람들이 우르르
사람 냄새 그윽한
굳었던 이성
핏줄이 뚫리고 숨통이 트여
감성과 이성
사람으로 나란히
어깨를 부빈다

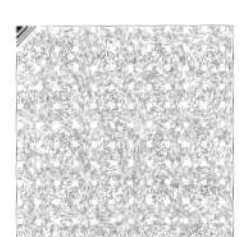

5부

광장

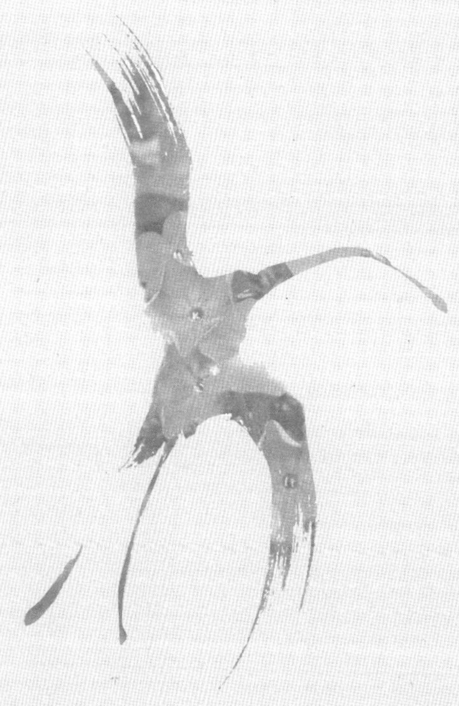

문명 밝은 날

문명 밝은 날
로봇이 몰려온다
사람 표정으로

사람들이 달아난다
로봇 가슴으로
귓문 열린 아이들마저
우두커니 망설이는
수수께끼들

진짜로 예가
우리들 하늘입니까
우리들 속삭임입니까

끗발

청와대 형님 말씀이면
똘마니들 재주넘기로
장땡이 되어 버틴다
좋은 마을 만든다며
때려 부순 그 자리에서
산목숨으로 불을 지펴
꾼들은 돈다발 튀긴다

강물을 닦아 내겠다고
가난한 농부들이 쫓겨 가는 날
똘마니들은 장땡이라 깝죽이지만
이런 판을 꺼리던 광땡이
화난 꾸러미로 끗발 보이면
청와대 형님 체면이 오죽하겠는가

장땡이라 버티지 마라
장땡이라 속이지 마라
삼팔광땡이 있고
솔광마저 치고 올 것을

광장

말 말 말들이
밀려 부딪치며
귀를 닦는 마당인데
많은 말이 "시끄럽다" 귓문 걸면
아예 입술 닫히고

말 말 말들이
멱살잡이 닭싸움쯤이야
빗살 트려는 메아리인데

울타리를 쳐 벽을 두르며
맞춤옷 입히면
그 마당은 이미 숨이 멎는
돌무더기입니다

누가 뭐라나

누가 뭐라나 못난이 글씨
누가 뭐라나 글씨마다
비스듬히 눕는다고

휜칠히 바로 선 빼어난 글씨마다
모두 속 붉은 것은 아닌 것처럼
괜스레 글씨만 놀리지 마시고
똑바로 느껴보세요

못난이 글씨 누가 뭐라나
걱정하지 마세요
비스듬히 눕는 글 속만은 꽉 차 붉도록
이냥 이렇게 기울 테요

외로움

어쩌다
어쩌다가 한 번쯤
나를 찾아주는 손님이 있다면
홀로 눕는 밤 이부자리
쓸쓸하진 않겠는데
오늘따라 가슴 쿵쿵 잠 못 들 적에
먼 발소리 솔깃이 귀 기울인다

누나 하나 곱다랗게
해가 바뀌면 이웃 마실처럼
나를 찾아온다고
섣달 보름달이 활짝 웃어
손을 내미는데
소식은 캄캄 찬바람 뿐
옆집 강아지만 요란히
멍멍

억새풀

저 홀로 연 하늘인 듯
아무렇지 않은 세상처럼
두 팔 뻗쳐 웃은 강가에서
숨이 차 목이 마른 억새풀이
꿈쩍 않고 버티고 서있네

바쁜 일터

추위가 몸속 깊이 파고드는
손과 발 귓불이 시린 계절이지만
어디든 일자리를 쫓아 기대야 하는
하루살이 날 품팔이들
월출산 능선을 따라
기괴한 형상들이 침묵으로
많은 이야기를 펄럭이지만
그 멋과 의문과 함성들 헤아릴 틈도 없이
망치질로 못대가리 두들겨야 했다

무화과 열매들이 움츠린
찬 바람 맞는 길목에서
물길을 열고 둑을 튼튼히 거푸집을 짓는다
자동차 경기장이 바로 옆인데
공정이 바쁜 일 때문에
그저 눈요기로 즐겨야 했고
인심 넉넉한 동네 아주머니들
낯설은 발걸음 참 시간이면 먹을거리로
손님을 반갑게 맞아주네

영암을 손바닥 읽듯
군서 신북 도포 삼호읍 줄줄이 꿰어
우리 흔적을 남기며
가뿐히 일을 마치는 날
세발낙지 입에 물고
유달산에 오르리

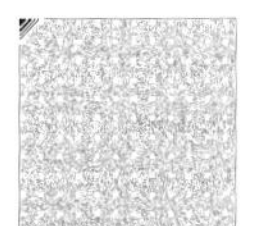

삼류 노동자

몫이 넉넉한 일류 노동자들은
몫이 모자라다 자주 방송을 타는데
진작 몫이 적은 삼류 노동자들은
하소연을 털지 못해
끌려만 간다

목소리만 크면 광땡인 것처럼
그들이 모여 시위를 벌여도
하루살이 벗들은 길이 막혀 안타까운 시간
막춤이 일어서면 어쩌려고요
목마른 입술에 물을 축여 주오

잘못된 사랑

눈에 넣어도 아프지 않은
새끼가 있어

하나를 주니 둘을 달라 하고
둘을 주니 셋을 달라 하고
셋을 주니 다섯 여섯을 달라 하니

이러다가는 진작에
거덜 나겠다

6부
영감 혹은 표절

고백

내 넋두리들 중에는
유명 작가분들과 이름 잊힌 작가분들의
영향을 받아 적게 중간쯤으로
커다랗게 토해놓은 넋두리들이 웅크려 있어
모두 다 버릴까 여러 날을 망설이다가
내겐 너무 어여쁜 아홉 자식 넋두리들이라
그냥 그렇게 내버릴 수 없어
표절이란 낙인이 찍혀 찍혀서 손가락질받을 망정
따로 묶어 넋두리들을 내려 놓습니다
사랑이란 믿음으로 용서해 주십시오
이런 '넋두리쟁이'를…
대단히 감사합니다

부여 수양리
리규창

긴 머리 소녀의 기도

너절그레한 온 누리
눈송이로 덮는다 하염없이 펑펑
이 세상에 때 묻지 않은 새로움이여
흰 벌판에 수놓아지려는가?
소복한 긴 머리 소녀
정화수를 떠 놓고 두 손 모은다
떠돌이, 소생하소서

향불 내음에 감긴 떠돌이
오르고 올라 하늘나라 목욕물로 몸 씻고
오만가지 복잡한 머릿속 헹구고 또 헹군다
비단옷 불룩 새벽 별 품고
천사들 둘려 꽃신 타고 내려온 떠돌이
지난날 서툰 몸짓을 잃은 채
오늘은 커다랗게 다소곳이 걷는다
광채 띤 얼굴 눈이 부시게
발자국 수놓으며

떠돌이

네가 수놓은 발자국 속엔 꽃씨가 묻히노라

희망 용기 사랑… 그런 것 다 한데 어울려

활짝 피어오르겠지

떠돌이 걸어간다

새로움 수놓으며, 떠돌인

발자국도 따라서

늦봄 바람

못마땅히 끌려가는 걸음이듯
머뭇거리며 주저앉는 해거름이
어둠을 풀어 망토를 씌우는 저녁
늦 봄바람 야릇한 손짓이 누나를 꼬여
방안 가득 설레임 흐트려 놓고
덩실덩실 발걸음에도 수줍음 안은 채
달맞이 사랑 간다네 누나가
쫄랑 쫄랑 복실이도 따라서

난데없는 하늘에 대 행진곡
사랑알 품는 누나 고소하지만, 누나가
지붕 위 후리는 헝클어진 박자 설익은 악기소리
심히 가슴 조이네
누나의 달라붙은 볼록한 앞가슴보다는
몽실몽실한 복실이 등줄기의 탐스러움
그 뒤로 불안한 마음은, 달이
훤히 누나 사랑을 엿듣던 보름달이

방문을 두드리며 가슴에 방망이질을 놓는
사랑 이야기들마다 얄미움 줄줄
고소함 다시 부르며
나도 달맞이 사랑 간다 누나처럼
뒷 솔밭 무르익는 사랑의 속삭임들을 밀치며
조심스레 소리 소문없이 나도 사랑 맞을래

젊음

뜨거운 젊음이 넘친다
나의 젊음아 헛되이 보낼 거냐
나의 젊음아 창문 열고
솟는 해 마주 대하라

가는 길 사나운들 흔들릴 수야
잔주름 늘은 뒤 무슨 소용이
가자야 젊음아, 나의 젊음아
꽃 지짐질 널뛰는 곳

무어든 부딪치면 뚫어 나갈
후끈히 달아 붙은 나의 젊음을
외로이 먼 들녘 끝이라도
꿋꿋하게 달래며 나아 가련다

헛되이 보낼 거냐
나의 젊음을
잔주름 늙은 뒤 무슨 소용이
가자야, 달라붙은 나의 젊음아

해

아침 되면 동편 언덕 위로
솟아오르는 불그레한 덩이
둥그렇게 웃는 얼굴이 자랑스러워
무어든 세월 속에 달라져 가도
언제나 활짝 핀 모습 변함없이

마무릴 더욱 열심히
붉게 물들인 저녁노을빛
불사른 낮이 지나 잠시 쉬는 밤으로
꿈을 다듬어 불그레한 덩이
온종일 뜨겁게 불사르고

조그만 나의 집

언덕 위 조그만 나의 집
아빠 엄마 동생들 단란한 가족
결코 외롭지 않아요
잔잔한 은빛 물결 예쁜 춤이 고와라
조그만 나의 집 바다를 노래합니다

눈 비 바람 더욱 소중히
연약한 손 모아 고깃배 보호하면
두려운 밤도 손쉽게 물리고
조그만 나의 집 아빠가 싣고 오신 행복의 실
엄마는 정성스레 엮으시고

우리는 속삭입니다
사랑이여 사랑이여 영원하여라

불굴의 역사

미완의 껍질 벗던 거룩하옵신 날
순금 빛 물결 장중히 무지개 자릴 깔고
축복받는 영접으로부터 무언의 약속 신천지 흐른다
유구한 가훈 깨닫기까지 버려진 성지를 서성이며
자아불신의 죄 운명처럼 사슬에 묶여
달아나려던 울분 어느덧 깊은 산골짝에서
별자리를 그린 저 이름 없는 산 죽음들
죽어 살으라 죽어 살으라
역류 깨트리는 칼날 요란히 내 정신을 어루만져
사랑하는 이 품속에서 꿈을 꾸려고
이대로 금 간 거울 속에 박혀
주저앉을 수 없는 불굴의 역사
봄 냄새 더불어 한탄강 건너리

출발

삼백육십오 일을 보내고
일출봉 해돋이를 맞을 즈음
나는 듣겠노라
“자, 넓은 바다로 훌훌 털고 나가자”
카랑진 울림 울림

그리고 이르겠노라
“항해의 길은 싸움일세 안개와 파도와”
선장이 되고 선원이 되는 온정에
나는 값진 배움 얻겠노라
그러면, 달없는 밤조차

목적지 쉬이 눈에 들고
오대양 육대주 갈증으로 내 손길 얼싸안을 터
오른다 힘껏
보라 동해 문이 열리고 길이 놓이고
은빛 물결 그 위로 내가 가노라

봄바람

꽃샘추위를 멀찌막이
밀치는 당당한 마음이여
언 흙을 터트리는 부지런한 마음이여

게으른 음지짝에 젖무덤을 풀어
단내를 쏟는 어머니 같은 마음이여
가난한 의지를 한껏 부축이는 넉넉한 마음이여

산동네 언덕 길을 단숨에 뛰어 오르는 젊은 마음이여
개울물에 빠질듯 구렁에 떨어질듯
바위를 미끄러지는 고집스런 마음이여

숲과 들녘 안팎을 두루두루 꼼꼼한 마음이여
별이 스러진 골짝마다
꽃나무를 가꾸려는 거룩한 마음이여

이 봄엔 부끄럽지 않게
하늘을 닦아야 겠다
하얀 마음이 되어

신부

움츠린 빈 벌판에
매서운 추위를 버티다가
의연히 새순이 돋는 들꽃으로 자라고자
제 존재를 의심치 않는 무심 속에서도
부지런히 깃을 두드리는 백로
부채춤으로 날으고자

어둠이 드러눕는 호수
한 조각별조차 자리를 비켜 앉히려
몸짓으로 나직이 출렁이는 물살이고자
쓸쓸히 묻혀 누운 공동묘지 고요
밤마다 자장가를 노래하는
풀잎 이슬이고자

늘 실려 오는 씨앗 이랑 두었는데
형태에 감금된 신부 늪으로 발을 뻗쳤다
온갖 것을 독식하려 우쭐히 잎새를 펄럭이는
양심으로 버티렵니까
영원을 잊은 채 딱한 웃음을 안은
허상으로 굳으렵니까

쉬이 오른 등성에서
심오한 신비를 깨닫지 못하는 메아리로
흐르렵니까 그림자조차 잃는 모습으로
스스로를 과시하다 동천과 석양을 헤매렵니까
부활이 실려 오며 목욕으로 씻기는데
신부는 혼미 속에 빠졌다

치료를 거절당한 생명을
체념할 수 없는 가난한 내 어머니 붉은 적도를
태풍에 끌려 밀려 잎새를 털고 가지를 꺾는
작은 바람들 소요를 나그네 지친 울음이
미소 두른 창공을 물끄러미
목말라 겁탈함을

검게 탄 논바닥으로
강둑을 잘라 물을 쏟으려는 농부들 우직함을
신부는 유죄를 내려 집행유예로 풀고
이내 씨앗을 이랑에 앉힌다

국립중앙도서관 출판예정도서목록(CIP)

망치잡이 : 리규창 시집 / 지은이: 리규창. -- 서울 : 담장너머, 2016
p. ; cm. -- (Over a wall poetry ; 24)

ISBN 978-89-92392-44-0 03810 : ₩9000

한국 현대시[韓國現代詩]

811.7-KDC6
895.715-DDC23 CIP2016005788

Over a Wall Poetry
24

인지생략

망치잡이

2016년 3월 1일 초판 1쇄 인쇄
2016년 3월 15일 초판 1쇄 펴냄

지은이 | 리규창
펴낸이 | 송계원
디자인 | 송동현 정선
제 작 | 민관홍 박동민 민수환
펴낸곳 | 도서출판 담장너머
등 록 | 2005년 1월 27일 제2-4102
주 소 | 04626 서울시 중구 퇴계로36나길 19-13, 105호
전 화 | 02-2268-7680, 010-8776-7660
팩 스 | 02-2268-7681
이메일 | overawall@hanmail.net
카 페 | http://cafe.daum.net/overawall

ISBN 89-92392-44-0 03810
값 9,000원